不生气，你就赢了

端木自在◎著

江西美术出版社
JIANGXI FINE ARTS PUBLISHING HOUSE

图书在版编目（CIP）数据

不生气，你就赢了 / 端木自在著 .-- 南昌：江西美术出版社，2017.5

ISBN 978-7-5480-4033-0

Ⅰ.①不… Ⅱ.①端… Ⅲ.①情绪 - 自我控制 - 通俗读物 Ⅳ.① B842.6-49

中国版本图书馆 CIP 数据核字 (2017) 第 033905 号

出品人：汤　华
企　　划：江西美术出版社北京分社（北京江美长风文化传播有限公司）
策　　划：北京兴盛乐书刊发行有限责任公司
责任编辑：王国栋　康紫苏　刘霄汉　朱鲁巍　宗丽珍
版式设计：曹　敏
责任印制：谭　勋

不生气，你就赢了

作　　者：端木自在

出　　版：江西美术出版社
社　　址：南昌市子安路 66 号江美大厦
网　　址：http：//www.jxfinearts.com
电子信箱：jxms@jxfinearts.com
电　　话：010-82293750　　0791-86566124
邮　　编：330025
经　　销：全国新华书店
印　　刷：廊坊市华北石油华星印务有限公司
版　　次：2017 年 5 月第 1 版
印　　次：2017 年 5 月第 1 次印刷
开　　本：880mm × 1280mm　1/32
印　　张：7
I S B N：978-7-5480-4033-0
定　　价：26.80 元

前　言

Preface

我们每天都会遇到很多令自己心情不愉快的事。在平凡的岗位上忙碌奔波，本来就很辛苦，再遇上这些烦心的事，真的是想不生气都很难：早上上班挤车时跟人吵架，心情不爽；合租的人一身生活恶习，不好明说；老板最近常给自己脸色看，内心纠结；老婆每天都有琐事打扰自己，没完没了……不仅会因为某个人，也会因为某件事生气，如果找不到知心人倾诉心中的郁闷，我们就会在心里生闷气。长此以往，爱生气也就不知不觉地成了一种坏习惯。

当“生气”成为坏习惯之后，它就会像紧箍咒一样令我们苦不堪言。心灵一旦陷进了“生气”编织的牢笼，你就会瞧谁都不顺眼，对任何事都牢骚满腹。久而久之，负面的情绪和不顺心的状态，会使你的心情愈加糟糕，心态愈加恶劣。

无论是做人还是做事，我们都可以“不生气”。没有哪一种生活是完美的，因此我们需要学习一些不生气的方法，凡事想开一点，消消气，减减压。面对别人的成功，面对现实的无奈，要想开心幸福地过好日子，就必须多看生活中好的一面，努力做到心平气和。

生活是一面镜子，不生气的人从镜子中看到的是“不生气”的生活；心态积极的人从中看到的是生活中阳光普照，绿树成荫。世界上每件事都是公平的，得与失总会交替存在，停止“生气”，让周围的一切不如意都因为你的“不生气”而改变。

“不生气”是一种神秘的“解药”，它能治愈习惯抱怨的人，打扫掉每个人心中的垃圾，再把好心情传递给周围的人。因为自己的事而生气，就试着接纳自己的错误；因为别人的事而生气，就试着把生气转化成宽恕。这样一来，你的生活就会有意想不到的巨大改观。

为什么做人不生气很难呢？那是因为我们在生存的压力下、在名利的诱惑下，滋生了自私、虚荣、贪欲、势利、妒忌、憎恨、报复、固执、傲慢……生活一旦被这些浮躁的心理状态所颠覆，痛苦和烦恼便会不期而至。既然如此，何不从今天开始，以“不生气”的态度去看待贫富、成败与磨难，以淡泊名利、荣辱不惊、宽容仁慈的心态去踏踏实实地生活，感受生命的快乐呢？

本书会告诉我们如何心平气和地生活，如何经营快乐幸福的人生。和谐的人生需要和谐的心情，无论是做人做事，还是工作生活，不生气都是前提和基础。

每天保持“不生气”的状态，不论是在工作中还是生活上，无论面对同事还是家人，你都会充满微笑，拥有乐观与平和之心。尽管我们无法做到永远不生气，但可以每天少生一点气，多一点快乐。好生活是从不生气开始的，放下心灵的包袱才能自在地度过每一天。就让书中这些充满“不生气”的智慧和故事，告诉大家如何正确驾驭自己的心灵和人生吧。

目　录

Contents

CHAPTER 1

一生气你就输了

别让坏脾气毁了你

无力感、不确定性、焦虑、猜忌、绝望、遗憾、悔恨、失望……这些负面能量是否在困扰着你？生气伤己、伤人、伤心、伤身，不仅不能使你强大，还会让你受伤。

杜月笙说：“头等人，有本事，没脾气；二等人，有本事，有脾气；末等人，没本事，大脾气。”一生气你就输了，别让坏脾气毁了你。

◎ 生气损害健康，使你的身体鼓气

你是爱生气、容易暴怒的人吗？是不是经常为了一点小事就大动肝火，甚至气得脸红脖子粗、全身发抖呢？

当你觉得那些糟糕的事情让你心情不佳时，会不会觉得生气才是最佳的发泄方式，而且已经习惯这种方式了呢？可是，动不动就生气会导致一个直接的后果，那就是——它会损害你的健康！

美国生理学家爱尔玛为研究生气对人健康的影响，进行了一个很简单的实验：把一只玻璃试管插在有冰有水的容器里，然后收集人们在不同情绪状态下的“气水”。结果发现，同一个人，当他心平气和时，所呼出的气变成水后，澄清透明，毫无杂色；悲痛时的“气水”有白色沉淀；悔恨时有淡绿色沉淀；生气时则有紫色沉淀。爱尔玛把人生气时的“气水”注射在大白鼠身上，只过了几分钟，大白鼠就死了。他进而分析认为，如果一个人生气10分钟，其所耗费的精力不亚于参加一次3 000米的赛跑；人生气时，很难保持心理平衡，体内还会分泌出带有毒素的物质，对健康不利。

美国心脏协会发行的《循环》杂志指出，暴躁、易怒的人心脏病发作或是突然暴毙的几率比冷静、不易生气的人高两倍以上。

由马里兰大学的心理学家阿恩沃尔夫·西格曼领导的一个

研究小组对101名男性和95名女性进行了研究，其中包括44名已经确诊有心脏病的人和99名没有得心脏病的人。研究包括测量每个人在运动之后心脏的血流量。

研究结果表明，与没有统治欲和性情平和的人相比，有统治欲的人得心脏病的风险会增加47%，易怒的人得心脏病的风险会增加27%。

研究还发现，不善于表达自己愤怒的女性，更容易得心脏病。而倾向于淋漓尽致地表达自己愤怒的男性，也更容易得心脏病。这就说明，无论是男性还是女性，如果他们经常发怒，便容易得心脏病。

研究人员同时表示：这项研究相当重要，因为如果长期处于情绪不佳、易动怒的情形之下，对于身体健康具有绝对的负面影响。

怒气是不可以长期积压的。心理学家布洛伊尔与弗洛伊德发现，在心理治疗过程中，凡是病人能够得到较好的精神疏泄时，病情都会有明显的好转。所以，他们认为只有把这些积郁的东西“净化”后，才会收到较好的疗效。在现实生活中，我们也会看到有些心胸开阔、性情爽朗的人，他们心直口快地把自己的不愉快情绪或心中的烦闷诉说出来，这种人的心理矛盾能获得及时解决。可是，我们也常看到心胸狭窄的人，爱生气，心中闷闷不乐，由于心理冲突长期得不到解决而发生心理疾病。

把怒气发泄出来比让它积郁在心里要好。哈佛大学一项研究成果表明，当人发怒时，血压会迅速升高，而当他通过各种方式，如大喊大叫、号啕痛哭或采取报复行动将怒气发泄出来后，血压又会很快恢复正常。相反，倘若他们将怒气强压下去，那么他们的血压则需要相当长的时间才能恢复到正常水平。此外，让怒气积郁在心中对心脏的健康尤其不利，是诱发冠心病的主要原因之一。以上只是指出一个事实而已，它并不意味着我们在同别人发生冲突时应该凭感情行事，毫无顾忌地对别人采取攻击行动。心理学家认为，一个人的身体状态是受其心理和精神状态所影响的，大约有一半以上的疾病是由心理和精神方面引起的，因此，掌握心理平衡对人的健康是非常重要的。

从心理健康的角度来看，长期积压怒气会影响身心健康，怒气长时间得不到排解就可能变成忧郁情绪。发脾气可造成神经系统紧张，使内分泌处于亢奋状态，甚至可能引发疾病。从人际关系角度看，一场脾气发下来，别人不仅会敬而远之，多年的交情甚至可能因此了结。

公元前284年，燕国大举进攻齐国，名将乐毅率大军连占齐国70余城。最后齐国只剩下莒、即墨两城，已经面临灭国之灾。乐毅将两座城池包围后，采取攻心战术，以和平解决齐国这最后两城为上策。乐毅令部队撤至两城外9里处筑垒，对城中出来的齐国百姓不去骚扰，甚至对其中的贫困者给予救济，慢慢争取民心。

恰巧此时燕昭王去世，燕惠王继位，齐国守将田单获此消息后，立即派人到燕国散布谣言，燕王立即派大将骑劫换回乐毅。田单再生一计，派人散布谣言说，即墨人最怕燕军割掉战俘的鼻子并将他们置于阵前。骑劫听到后，认为此办法不错，当即下令将降卒的鼻子全部割掉，并将他们排列在阵前。这一下，骑劫中计了。即墨城中的军民见燕军如此残酷地对待战俘，人人愤怒不已。田单又派人散布谣言说，即墨人的先人坟墓都在城外，他们害怕燕军挖掘坟墓，侮辱先人。骑劫不假思索，又命令将城外的坟墓全部挖开，将死人弄出来焚烧。城中军民见燕军如此丧尽天良，无不痛心疾首，个个义愤填膺，纷纷要求与燕军拼命。田单见时机已到，做好作战部署，一场火牛阵烧得燕军一败涂地。田单乘胜追击，一举收复了齐国所有失地。

割战俘的鼻子、挖掘齐国人的祖坟等不义之举，不但没有恐吓住齐人，反而激起了他们的极大愤慨，决心与燕军拼个鱼死网破。齐军的愤怒极需要宣泄，战场上的英勇作战成为齐军士兵宣泄的途径。

首先应该承认，人受了委屈或者憋了一肚子气时，常常需要释放怒气，正如火山需要喷发。因此，宣泄并不奇怪。其次，我们得承认，选择什么宣泄方式，常常会因人而异。比如，理智者会冷静而从容地调整自己的心态；鲁莽者会因冲动而“莫名其妙”地误伤他人；愚蠢者会走向极端，甚至采用不可取的自罚形式。这就如一句老话所说的：“生气时踢石头，疼的是脚趾头。”

让清凉的春风把苦恼吹跑，让夏日的流水把苦闷冲走，让优美的歌声给你一片宁静，让书中的乐趣送你一份安定，如此赶走“苦闷”，不也是一种人生的境界与智慧吗？

【不生气的技术】

生气对人体健康有百害而无一利。中医说，气伤肝、气伤脑、气伤神、气伤肤、气伤内分泌、气伤肺、气伤胃、气伤肾。为了健康，要学会收敛自己的脾气。

◎ 愤怒是毒药，忍耐不住终会耽误大事

《孙子兵法》指出：“主不可以怒而兴师，将不可以愠而致战，合于利而动，不合于利而止。”孙武认为，国君不可以因一时的愤怒而兴兵打仗，将帅不可凭一时的怨愤而与敌交战，一切都要以是否有利为转移，合于利则动，不利则止，这才是理智的行为。

三国时期，蜀国名将关羽败走麦城，被东吴擒杀。张飞闻讯，悲痛欲绝，严令三军赶制孝衣，为关羽戴孝，逼得手下将官无奈，最后铤而走险，将其刺杀。刘备为报东吴杀害关羽之仇，举兵伐吴。诸葛亮、赵云等人苦苦相谏，都无济于事。这时的刘备已完全失去了理智，结果被吴将陆逊一把火烧得溃不成军，数万军士丧生，刘备本人带着残兵败将退归白帝城，羞

愧交加，一命呜呼。蜀军从此一蹶不振了。

而与刘备、张飞相反的是，一个人因为能忍常人所不能忍，最后获得了成功，他就是司马懿。

司马懿多谋善变，遇事极为冷静，从不为自己的情绪所左右。公元231年，诸葛亮兵出祁山伐魏。司马懿知道蜀军远来缺粮，求战心切，加之诸葛亮足智多谋，难以对付，于是据险扼守。诸葛亮求战不能，果然引兵退回。魏将张郃请求截击蜀军后路，司马懿不允，只是尾随观察。到达祁山后，诸将纷纷请战，司马懿登山修寨，依然不允。众将当面指责他畏蜀如虎，他不加理会。5月，众将向司马懿施压，伺机进攻蜀军，结果战败，只得退守营寨。6月，诸葛亮退军，张郃追击，结果中伏身亡。面对诸葛亮咄咄逼人的进攻，司马懿从来不与其争锋。甚至在诸葛亮赠送他妇人首饰羞辱他时，他也欣然接受，忍辱负重，仍旧按兵不动。诸葛亮无奈最后在壮志未酬的忧愤中死去。失去诸葛亮的蜀国，再也无法对魏国构成严重威胁。

由此可见，是否能理智地处理事情，有时就是事情成败的关键。大事是这样，小事也是这样。

司马懿在权力上的争斗也善于使用“忍”字。

魏明帝死后，太子曹芳即位，就是魏少帝。曹爽当了大将军，司马懿当了太尉。两人各领兵三千，轮流在皇宫值班。

曹爽手下有一批心腹提醒曹爽说：“大权不能分给外人啊！”他们替曹爽出了一个主意，用魏少帝的名义提升司马懿为太傅，实际上是夺去他的兵权。接着，曹爽又把自己的心腹、兄弟都安排在重要的职位。

对此，司马师和司马昭气得哇哇叫，准备带领人马去攻打曹爽。而司马懿看在眼里，却装聋作哑，并且向魏少帝上表说自己年纪老了，又浑身是病，从此不再上朝了。

曹爽听说司马懿生病，正合他的心意。但还是有点不放心，想打听一下司马懿是真生病还是假生病。他派心腹李胜到司马懿家去探探情况。

李胜到了司马懿的卧室，只见司马懿躺在床上，旁边两个使唤丫头伺候他吃粥。他没用手接碗，只把嘴凑到碗边喝。没喝上几口，粥就沿着嘴角流了下来，流得胸前衣襟都是。李胜跟他说话的时候，他也说得颠三倒四，时不时还拼命地咳嗽。

曹爽听了李胜的报告后，甭提有多高兴了。此后，他就对司马懿放松了警惕。

后来，魏少帝曹芳到城外去祭扫祖先的陵墓，曹爽和他的兄弟、亲信大臣全跟了去。司马懿既然病得厉害，当然没有人请他去。

谁知等曹爽一帮人一出皇城，太傅司马懿的病就全好了。他披戴盔甲，抖擞精神，带着他两个儿子司马师、司马昭，率领兵马占领了城门和兵库，并且假传皇太后的诏令，把曹爽的大将军职务撤了。以后，司马懿成了魏国的实际掌权者。

在现实生活中，人们因一时的矛盾，头脑发热，失去理智，酿成惨祸的实事，屡见不鲜。总而言之，适宜的克制、理智的行动，是人们做事时智慧的表现。

在一些人办公桌的玻璃板下或床头上常常可以看到“制怒”两字，意在提醒自己不要发火。在这个问题上，严格要求自己，加强思想修养是非常必要的。清朝的林则徐官至两广总督。有一次，他在处理公务时，盛怒之下，把一只茶杯摔得粉碎。但他猛抬头，看到墙上挂着的牌匾上写着自己的座右铭“制怒”两字，意识到自己的老毛病又犯了，立即谢绝了仆人的代劳，自己动手打扫摔碎的茶杯，表示悔过。林则徐虽然有时控制不住自己的情绪，但随时注意克制，知错就改，这一点也非常难得。

有人认为和颜悦色、忍让无争、宽恕容忍，从不疾言厉色，就是十足的懦夫行径，殊不知这样的人才是真正具有大智、大仁、大勇的人物。有人更认为凡事忍耐、含垢受辱、承认过错及接受责罚便是懦夫，事实上，在衡量自身条件尚无绝对必胜把握时，暂时的忍辱负重是必要的。而死不认错，往往是怕负责任，这才是真正的懦夫。

【不生气的技术】

压制住自己的怒火，忍辱负重，可能是解决问题的最好方法。对于做大事者来说，忍辱负重是成就事业必须具备的基本素质。忍受屈辱是一种能力，能在忍受屈辱中负重拼搏更是一种本领。小不忍则乱大谋，凡成就大业者莫不如此。

◎ 生气是犯傻，是拿别人的错误惩罚自己

有这样一个极富哲理的故事：

有一天，佛陀在竹林精舍，一个婆罗门突然闯进来，因为同族的人都出家到佛陀这里来，令他很不满。佛陀默默地听他的无理胡骂，等他稍微安静后对他说："婆罗门啊，你的家偶尔也有访客吧！""当然有，你何必问此！""婆罗门啊，那个时候，偶尔你也会款待客人吧？""那是当然的了！""婆罗门啊，假如那个时候，访客不接受你的款待，那么，这些菜肴应该归于谁呢？""要是他不吃的话，那些菜肴只好再归于我！"佛陀看着他，又说道："婆罗门啊，你今天在我的面前说了很多坏话，但是我并不接受它，所以你的无理胡骂，那是归于你的！如果我被谩骂，而再以恶语相向时，就有如主客一起用餐一样，因此我不接受这个菜肴。"然后，佛陀为他说了以下的偈："对愤怒的人，以愤怒还牙，是一件不应该的事。对愤怒的人，不以愤怒还牙的人，将可得到两个胜利：知道他人的愤怒，而以正念镇静自己的人，不但能胜于自己，也能胜于他人。"婆罗门经过这番教诲，出家佛陀门下，成为阿罗汉。

愤怒是用别人的过错来惩罚自己的蠢行。当你对某人所做的某事不满、生气，说明此人在你心目中占有一席之地，你重视、在乎此人，你不希望他所做之事会令你不快，更不希望会伤害到你。如果确实这个人在你的心目中占有一席之地，你

生气还情有可原。如果你们之间什么关系都没有，那生什么气呢？为了一个跟你毫无瓜葛的人生气值得吗？再进一步来说，别人犯了错而你去生气，岂不正是拿别人的错误来惩罚自己？

生气是拿别人的错误惩罚自己。然而，真正做到不惩罚自己的人又有多少？走在路上被人泼了水，也不知道是什么水。虽然对方一个劲儿地道歉，你也明白人家不是故意的，可是看着自己湿漉漉的衣服，还是忍不住抱怨："真可恶，怎么这么倒霉？"于是你一整天都在想这件事，又后悔不已：早知道就早点出门，或晚点出门。总之，到头来还是在生自己的气。现在想一想，真是不值得，反正被泼了就泼了，再怎么抱怨、后悔都没用，衣服还是湿的。那么倒不如这样想，也许我穿这件衣服不好看呢，不是常说遇水则发吗？这样一来，快乐指数就上来了，回家换件衣服，重新开始新的一天。

【不生气的技术】

不必为了一件已经无法挽回的事而破坏自己的情绪，不必拿别人的错误惩罚自己，也不要将自己的错误迁就于别人的身上，冷静地分析问题，就能做到不生气。

◎ 冲动是魔鬼，一旦碰到它就会后悔

人与人之间由于性格、修养、思维方式、生活方式等不尽相

同，发生某些摩擦或冲突是难免的，冲动愤怒可以理解。然而，若是一碰就跳，或是一触即怒，往往会使身心健康受到损害。

当一个人冲动时，其全部的注意力都集中在导致他冲动的这一件事情上，对于其他的诸如后果之类的问题根本就没有时间和空间去考虑。因此有人说，“冲动是魔鬼”。无数个令人扼腕叹息的悲剧一再向众人诠释了这句话。包括我们，在自己的经历中也多少有些体会。

人在受到伤害时，愤怒是正常的反应，而第一个念头便是想攻击伤害自己的人，但在行动前最好先问问自己：这样做能否达到目的？对解决事情有无帮助？

这是一个真实的故事：在临近高考还有23天的那天早上，在一个时常洋溢着欢乐笑声的班集体里，同学们正在全神贯注地填着志愿表。一切都是那么的平静，谁也不敢相信一场流血事件即将发生……

小全，全年级师生公认的一名高材生，拥有无限的前程。但他做事很冲动，只要情绪一来就根本不知道什么是冷静，什么是君子动口不动手。其实他并不想伤害别人，更不想毁了自己的前途。那是理智与他无缘呢，还是他自己放弃了对理智的索求？

事情的起因很简单，一位同学从小全身边走过时，不小心碰了他一下，小全不高兴地说：“走路看着点！”那位同学不以为意地说：“怕碰就别在这里坐着。”小全的火气“腾”地一下窜了上来，对着那个同学的面门就是一拳……

待他冷静下来后，他才发现不应该发生的一切已成了事实。他把那位同学的双眼给打瞎了，年满18岁的他将要面临严峻的刑事处罚。

冲动让一个前程似锦的少年走向了囹圄，知道此事的人无不欷歔。

因为冲动而使自己受伤害的例子举不胜举。比如，自己向来尊敬的人，如果做出令我们伤心的事情，我们很可能立即讽刺回去；受了陌生人的气，恨不得用原子弹炸他，等等。其中，办公室是最容易滋生怒火的场所，当我们看到能力平平的同事晋升而自己却备受冷落时便会怒火中烧；天天为公司卖命，偶尔早点下班，主管就语带讥讽地说："今天才上半天班就自动下班了呀！"便一怒之下跑到老板面前拍桌子，把辞呈往老板面前重重一摔，然后自以为很帅地说："我不干了！"这些做法在当时可能是出了一口气，但最后吃亏的还是我们自己。

在现实生活中，人总是很容易产生冲动。在一种氛围中，在一种情景下，冲动的情绪会急速冲破理性的防线，使人的情绪、思维和行为出现非常规的反应。

人在冲动的时候，大脑就容易短路。人在短路大脑的控制下，要对棘手问题做出及时、正确的反应几乎是不可能的。生活中我们时常听到这样的信息，某人跳楼自杀后，其朋友都说他平时是很平静、很容易沟通的，没听说过他和谁有积怨，甚至都不知道他会有什么想不开的地方；或者某人动刀砍人犯罪之后，说自己之前从未想过要砍人，和被砍的人也只是因为小事而起冲突的。那为什么这样的信息我们会经常听到呢？简单地说，就是因为人在冲动的时候容易做出一些平时连想都不会去想的事情，从而造成对自己或是对他人的伤害。

刘邦与项羽决战在即，要韩信出兵相助之时，韩信提出要刘邦封他为“假齐王”，刘邦勃然大怒，大骂韩信不该在这个时候要求封为假齐王。然而经张良提醒，刘邦马上恢复冷静，转而向韩信道：“大丈夫要当王须当个真王，怎么可以要求封为假齐王？”随后，立即封韩信为齐王，从而使韩信能出奇兵，最终打败了强敌项羽，夺得了天下。如果当时刘邦不能理性地分析局势，那天下最终归谁所有，便不是个定数了。

【不生气的技术】

理性地面对社会百态，理性地处事，是为人高素质的体现，也是心平气和、情感睿智的反应。

◎ 再窝火也别乱撒气，那样会更痛苦

我们在生活中是否常遇到这样的情况：孩子放学回来重重地把书包一摔，问他发生了什么事，他却不礼貌地说：“你好烦喔！”

太太问先生晚饭吃什么，先生竟不客气地说：“跟你结婚

这么久了，我爱吃什么你还不知道吗？”

先生下班回来看到太太抱着孩子沮丧地坐在客厅里，便过去关心地问：“心情不好吗？”没想到太太却生气地说：“你怎么到现在才回来？”

这些人都是自己不顺心，却把气撒到了无辜人的身上，这就是迁怒。

当一个人心情不佳时，通常情况下会影响到他对待外界的态度，比如恐惧、暴躁、动怒、怀疑、冷漠，这些情绪都可能伤害到周围的人。

把自身承受的压力与疼痛的刺激转移给身边的人，在某种程度上可以影响周围的人。宣泄一定的情绪以达到自身的心理平衡，这样做有利于自身的身体健康，同时，却可能促成自己自私的思维习惯，所以是不可理解的。要知道，身边的人都是要用爱与关怀去对待的家人、朋友和伙伴，通过迁怒的方式让他们来分担自己的坏情绪，对于所有人来讲是不公平的，也是不可理解的。说到底，迁怒别人，受害最大的是自己。

张女士的老板因工作上的事心情不好，刚好张女士走进老板办公室递交文件，老板正在火头上，三下两下地看了资料之后就对张女士发了一通火，说她根本就没有用心搜集资料。

张女士就觉得委屈了，这些文件可是她昨天通宵赶出来的啊，老板不认真看也就算了，还莫名其妙地对她发火。刚好，张女士的手机响了，原来是她男朋友打电话过来，心情不好的她拿起电话就开骂：“你是不是没事干啊，不知道我在上班吗？难道要我养你一辈子啊？”

张女士的男朋友莫名其妙地被骂了一顿，他本来是一名业务人员，前两天出差时帮着抓小偷扭伤了脚，请假在家休息。早上女朋友出门的时候叫他买菜，说中午回家做饭吃，但是要买什么菜得先打电话跟她商量。于是，就有了刚刚那通电话。

张女士的男朋友很生气地走在大街上，他打算去餐厅好好地吃一顿，不管女朋友了。走着走着碰巧走到张女士单位的门口，看到路上有一只流浪狗，就狠狠地踢了它一脚。正在寻找食物的流浪狗被踢出了老远，痛得“嗷嗷”直叫。

这时张女士的老板正从公司里走出来，流浪狗突然跳起来，狠狠地咬了他一口……

这个故事说明了一个道理：迁怒的结果最终还是伤害了自己。老板迁怒张女士，张女士迁怒男友，男友迁怒流浪狗，流浪狗迁怒于毫不相干的路人，正巧路人就是可恨的老板。一环紧扣一环，就像绕圈跑，从起点又回到了起点。

人有时是无法不生气的，生气了能做到不迁怒于别人就很了不起了。被骂者一般都是不服气的，内心充满逆反。当这种逆反积聚到一定程度时，自然会寻求出口，于是就迁怒他人。有些事情，事后常常会觉得完全没有理由发火。

有位父亲下班回家，一进门就看到十多岁的女儿正在用他的工具修理东西，工具散落一地，客厅凌乱不堪，他禁不住便破口大骂。聪明的女儿在收拾干净后跑来拥抱他，然后问：“爸爸，你今天在办公室里一定遇到不愉快的事了，是吗？”

这位懂事的女孩了解老爸的怒气不完全是针对自己，很可能是老爸因为别的事受伤了，因此并没有情绪反应，反而安慰爸爸，这是极大的智慧。

无论一个社会多么公平，个体之间总有尊卑、智愚、贫富、强弱等诸多的差别，而且几乎没有一个幸运儿会在所有的方面都比他人优越。由于普遍的社会矛盾和人性的弱点，每个人都会受到他人有意无意的愚弄、非礼、侮辱甚至强暴。冒犯者又往往比被冒犯者强大，因此被冒犯者出于自我保护的现实不得不把怨愤之气暂时隐忍下来，转而把本该还施其人的怒气发泄到比自己更弱小的个体身上。但更弱小的个体同样会把怒气转嫁他人，最后的受害者常常是最弱小者自己的妻子或儿女，他们会无缘无故地遭到丈夫或父亲的打骂。

但整个“迁怒之链”并未至此终止。在孩子的世界里，迁怒也遵循与成人相似的轨迹在蔓延和传递，进而当这些孩子长大之后，又会把其他老人甚至父母当作迁怒的目标。于是这股迁怒之气进入了恶性循环。迁怒加剧了人的不幸，迁怒使人间失去了很多的欢乐，使很多的家庭失去了原本的温馨，几乎所有的烦恼和不幸都由迁怒而起，或由迁怒加剧以致不堪收拾。

对于我们来说，已经受了委屈，或者情况已经很糟糕了，最好的办法是去化解自己内心的不平衡。别把坏情绪传染给别人，那只会造成更坏的结果。总之，我们做人做事，要尽量注意不迁怒。

【不生气的技术】

一个人在多大程度上能做到据理力争、恩怨分明、保持尊严、维护人格，他就可能在多大程度上跳出“迁怒之链”，这样会有效地增进人间的祥和、家庭的温馨，也利于加强自身的道德修养，使自己拥有一个平和的心境。

◎ 气极伤心，生气的极端是内心绝望

当一个人遭遇尴尬、侮辱、被拒绝、不公正的时候，便会产生极大的愤怒，如果反抗未果，则会变成失望，最后变成绝望。

这方面最典型的例子就要数屈原了。

心怀政治理想的屈原，在内政上提倡变法，主张限制贵族特权、选贤举能、发展经济；在外交上，坚持联齐抗秦的合纵政策。屈原的政治主张符合楚国的长远利益，却触犯了某些贵族阶层的既得利益。在楚国内部，以上官大夫公子兰为代表的贵族阶层，或出于妒贤嫉能，或出于维护自身政治或经济利益的目的，相继成为屈原的政敌。

公元前313年，秦国重臣张仪贿赂了楚国的一批权贵宠臣，并欺骗楚怀王说：“楚国如果能和齐国绝交，秦国愿意献出商、于一带六百多里土地给楚国。”楚怀王不顾屈原的强烈反对，与齐国断绝了关系，从而瓦解了合纵抗秦的联盟，并罢了

屈原的官。屈原很愤怒，愤怒楚怀王的昏庸。

当楚怀王知道张仪只是戏弄自己时，很生气，先后两次兴师伐秦，却因失去合作伙伴齐国的接应，被秦国打败了。此时的楚怀王稍有醒悟，“悔不用屈原之策”。于是，屈原复出。

而此时，还是那个张仪，贿赂了楚国王后郑袖等贵族，他们在楚怀王面前一番花言巧语之后，楚怀王竟与秦王结下婚姻关系。待出使齐国的屈原回来后，木已成舟。这次，屈原遭到了流放。屈原愈加愤怒。

公元前299年，秦国又攻打楚国，夺取了楚国的8座城市。乘此形势，秦昭王“邀请”楚怀王在武关相会。屈原此时已从汉北的流放地返回，他力劝楚怀王不要赴会，楚怀王不听。结果，楚怀王一进入武关，就被秦军扣留，并劫往咸阳。不久，楚襄王即位。

屈原斥责公子兰不该劝楚怀王进入秦国，以致楚怀王死在秦国，又斥责公子兰不该怂恿楚襄王向秦国屈膝投降。不甘处于政治下风的公子兰向楚襄王进谗言，楚襄王听信了公子兰的话，屈原便第二次被流放到南方的荒僻地区。至此，屈原愤怒到了极点。

合纵抗秦，进而统一六国，是屈原胸中的政治理想。然而，残酷的现实将这一理想撞得粉碎。如果说屈原第一次被流放心中虽有愤怒，但对楚怀王还心存一丝幻想，那么到了第二次被流放时，这种愤怒已经演化为绝望。屈原觉得别无选择，于是投汨罗江而死。

现实中这样的例子也有很多。例如，当一个“成功人士”突然间发现自己拥有的一切都不再真实，所有在乎的人和事，随时都会化为灰烬，这时哪怕一个毫不相关的人漫不经心的一句话，都会刺伤他。他万念俱灰，自己生命中永远不可替代、无法复制的那一部分，就会从此消失。留给自己的，只有无尽的悲伤、悔恨——为什么当时自己没有做出另一种选择：不要让儿子去参加这次比赛，不要去那个加油站，不要打开自己的远光灯……随后，在彻底的绝望中，诅咒这个世界，诅咒信仰的神明，诅咒自己。

翻翻报纸的社会新闻版，我们会看到类似的故事：被解雇的职员闯进办公室，持刀刺伤自己的上司；看上去唯唯诺诺的丈夫，杀害自己的妻子之后自杀身亡；品学兼优的留学生，持枪袭击同胞，震惊校园……他们的亲朋好友总会在事后感叹：“他看起来是个很不错的人，真不敢相信会做出这样的事来。”他们没有看到，那些积压在人心里的愤怒，是如何在长期压抑中逐渐膨胀，最终变得不可收拾的。

内心压抑的愤怒始于否认、沉默和回避，积压久了会让人从心里面垮掉。在冲突之后我们经常听到这样的话：“我没有生气，只是挺失望的。”心理学家告诉我们，说这话的人，确确实实是生气了，只是他自己不愿意承认而已。但是否认并不能让怒气消失，他们更愿意躲开惹自己生气的那个人和那种场景，刻意保持距离。

这是被压抑的愤怒。郁积的愤怒通常会以一种被称为“消极攻击”的行为表现出来，比如，对别人的要求不理不睬——你让他干什么，他偏不；你指东，他偏要打西。

愤怒是为了让人们能积极地去面对那个伤害了自己的人或事，如果人们没有这么做，愤怒就会累积。

心理学家称：“如果多年来我们一再遭遇委屈，我们情感的承受力就会耗尽。”这时就会出现两种情况：其一，我们会把多年来积压在心里的愤怒发泄在身边的人身上；其二就是变得抑郁，感情会渐渐枯萎，失去了对生命的热情，变得对什么都不感兴趣。第一种情况会产生破坏性的行为，第二种情况就是绝望。

生活中，愤怒无处不在：夫妻间吵架拌嘴，员工对老板的抱怨指责，孩子顶撞父母或者父母责骂孩子。甚至下班路上的拥堵，也能让我们坐在车里，一边狂按喇叭一边破口大骂……

从小到大，我们被一再告知发怒是不好的，那些直接或者间接的生活经验也让我们知道，发怒的“破坏力”有多大——失去朋友，得罪亲人或者丢掉饭碗。可问题是，当我们“怒从心头起”的时候，如果没有适当的渠道发泄的话，我们就会走向另一个极端：绝望。

因此，有了怒气的时候，不要憋在心里，而应当想办法进行疏导。

【不生气的技术】

在一些情况下，我们能做出的最好反应，就是承认自己受了委屈，并承认再与那个伤害自己的人争论也无济于事，于是决定接受这个事实，拒绝让已经发生的事情侵蚀自己的幸福感。这是处理愤怒的最佳方法。

◎ 心字头上一把刀，忍住才不受伤害

齐国攻打宋国，燕王派张魁作为使臣率领燕国士兵去帮助齐国，齐王却杀死了张魁。燕王听到这个消息，非常气愤，就招来有关官员说："我要立即派军队去攻打齐国，为张魁报仇。"

大臣凡繇听说后谒见燕王，劝谏说："从前以为您是贤德的君主，所以我愿意当您的臣子。现在看来您不是贤德的君主，所以我希望辞官不再做您的臣子。"燕昭王问："这是为什么呢？"凡繇回答说："松下之乱，我们的先君不得安宁被俘，您对此感到痛苦，却侍奉齐国，是因为力量不足。而今张魁被杀死，您却要攻打齐国，这是您把张魁看得比先君还重。"燕王说："你认为应该怎么办？"凡繇回答说："请您穿上丧服离开宫室到郊外，派遣使臣到齐国，以客人的身份去谢罪，说'这都是我的罪过。大王您是贤德的君主，哪能全部杀死诸侯们的使臣呢？只有燕王的使臣独独被杀死，这是我国选择人的时候不慎重啊，希望您能让我改换使臣以表请罪'。"

燕王接受了凡繇的意见，又派了一个使臣到齐国去。

使臣到了齐国，齐王正在举行盛大的宴会，参加宴会的近臣、官员、侍从很多，齐人让燕王派来的使臣进来禀告，使臣说："燕王非常恐惧，因而派我来请罪。"使臣说完了，齐王又让他重复一遍，以此来向官员、侍从炫耀。

于是齐王派出地位低微的使臣去告诉燕王，让燕王返回宫室居住。

这样，由于燕王忍怒而委曲求全，从而保全了国家，为他后来攻打齐国准备了充分的条件。试想假如燕王逞一时之怒，匆忙去攻打齐国，恐怕早已成为齐国刀俎下的鱼肉了。迫不及待地感情用事，只会坠入万劫不复的深渊之中。

按下自己的性子，不为一时之气大动干戈，忍小事而获长久安定，大臣凡繇为燕王和燕国算了很划算的一笔账。

忍是非常务实、通权达变的生存智慧。生活中和事业上的智者都懂得忍之道。忍耐，不是一味妥协，不是委曲求全，而是一种以退为进、以弱胜强的做人哲学！忍总是暂时的，而胜利却是长久的。以片刻之忍，避免被愤怒所伤，这个道理你懂吗？

在小林的公司里，有位副总一心想当“一把手”，经常在背后搞点小动作，大家有目共睹。可是“一把手”还牢牢地在位置上，根本没他什么事，除非想办法把“一把手”整下去，他才可能有机会顺着梯子往上爬。可是光他一个人闹腾，翻不起什么风浪，他要暗地里物色合适的人选与他联手才行。年终时，他听到小林在总结会上给“一把手”提了点意见，于是就认为小林可以被他利用。

有一天，他非常关切地把小林叫去聊天，聊着聊着就把话题往“一把手”那里扯，然后就试探小林对“一把手”的看法。小林虽然年轻气盛，但并不傻，他什么都没说。这位副总看到什么话也套不出来，干脆就别有用心地说这个“一把手”对小林是如何不公平，甚至还举了一些例子，他认为这样一来会激怒小林的情绪与他同仇敌忾。

看小林依然一声不吭，这位副总以为他挑拨成功了，便慷慨激昂地说作为“一把手”在单位搞歪风邪气必须得有人制止，必须得有人出面告他。那神情、那口气就好像他有一身正气似的，说完便鬼头鬼脑地小声唆使小林，让他给上级部门写匿名信告这个“一把手”，他负责提供材料，并且说写完了他在上面签名。那一刻，小林真是毛骨悚然。

如果你是小林，该怎么做？很多时候，别人之间的矛盾其实已经积累了很长时间，只是还没有到一个临界点，你千万不要去做那个点燃炸药导火线的人，否则就很难做了，到那时，任凭你生气发火郁闷踢凳子，都没用了，你成了众矢之的，成了炮灰。所以，千万要抑制怒气，保持冷静，把握好自己，不要被别有用心的人操纵。

【不生气的技术】

无论是在事业上，还是在个人的人生征途上，挫折和失败是难免的。暂时忍让是战胜挫折、走出困境的重要方法。忍，就是这样一种貌似软弱、实则刚强的做人智慧。因为愤怒而被人利用的人是最愚蠢的，想要操纵别人，可以利用别人的怒气。同理，要想不被人操纵，你必须学会忍耐的智慧。

★不失控的心理课：压制怒气的12个妙招

人遇到不痛快的事难免要发点脾气。喜怒哀乐，人之常情，无可非议。但如不适当地控制自己的感情，盛怒之下，就容易做出傻事、蠢事。甚至就连一件再平常不过的小事，也会气死活人。

在《三国演义》中，魏主封76岁的王朗为军师来战蜀兵。本想“只用一席话，管教诸葛亮拱手而降，蜀兵不战而退”的王朗，结果却被诸葛亮轻摇三寸之舌活活气死。诸葛亮三气周瑜，周瑜在恼恨暴怒之下口吐鲜血而亡的故事更是人人皆知。

“制怒”真言，谁都应该置为座右铭。然而，制怒并不是一件容易的事，它是一个人以理智战胜感情冲动的过程。善于制怒不仅需有“忍人所不能忍”的宽广胸怀和以大局为重的精神境界，还需要有强烈的自我控制意识。要压制怒气，要陶冶性情，不断提高修养，理智地将“愤怒”这个“情绪炸弹”扔掉。

以下是压制怒气12招：

1.认清你想通过愤怒来达到什么目的

不要被愤怒蒙住了眼睛，看看愤怒背后的欲望是什么。如果你希望和别人交朋友，而他（她）让你失望，你就扇人家耳光的话，那么你就永远失去了和他（她）亲近的机会。

相反，你可以说出你真正的感觉：“我很重视我们的友谊，但有些事情威胁到了我们的友谊，这让我很失望。让我们谈谈，一起来解决这个矛盾怎么样？”

2.不要把不满情绪发泄在无辜的人身上

有这样的可能，我之所以对他愤怒，是因为对他发火比较安全？不要把谁当替罪羊，这样没有任何作用，相反会让你的情绪失控，发完火以后你会后悔莫及。

如果你成了别人愤怒的目标和牺牲品，那么要问问自己：

“我一定要接受这个人给我安排的位置吗？我一定要为这种事感到受伤吗？”其他人和你一样也会去寻找替罪羊。你可以去做志愿者，但不要做“志愿羊”。即便别人选择了你，你也可以避开。但不要上钩，不要去打和你没关系、你也赢不到什么的战斗。

3.找出获得爱和快乐的方法

你的愤怒有些是来自于你的基本需要和欲望不能满足，你感到深深地受伤或无助，你想要生活中有更多的快乐和关爱。愤怒并不排除爱、感激等积极情感。你可以深爱某人，为他（她）感到怒不可遏，但仍然继续爱着他（她）。实际上，愤怒的产生往往是由于爱得太深，我们常说：“爱之深，责之切。”在上述情况下，你需要找出获得爱和快乐的方法，愤怒才会消失。发泄愤怒只会让你更受伤。

4.不要用愤怒来弥补你的自尊心

愤怒可能是你用来掩饰自己受伤的一种高傲的方式，是你的生存受到了威胁和自负受到了伤害时的一种自我保护。但是这种方式不能最终解决问题。为了面子而奋斗只会让你时常感到失落，失落又会让你感到愤怒。

5.对自己的愤怒负责

不要给愤怒寻找假、大、空的理由，你需要的是解决问题的方法，而不是空洞的胜利。

6.关注愤怒

学会区分短期的愤怒和长期的怨恨。找个笔记本记下你在不同情境下对不同人的愤怒程度，并分清自己的愤怒共有多少种类。这会帮助你决定在什么时候、什么情况下表达愤怒，表达什么样的愤怒，如何表达愤怒。

7.不要用暴力的方式表达愤怒

暴力只会带来更多的愤怒、伤害和复仇，无论是口头的还是躯体的攻击都不会熄灭怒火。告诉别人是什么让你感到愤怒或受到伤害，告诉他们你真正希望他们做的是什么。以不攻击的方式，将不满表达出来，与其说“你错了，你简直是离谱”，不如说“我觉得受伤，你的所作所为没有考虑到我的需要”。

8.将愤怒暂时搁置

比如，愤怒的时候从1数到10。愤怒时写一封信，可以是写给你发火的对象也可以是写给报刊、杂志或领导。这封信写得越详细越好，把这封信放一天再读一遍，再考虑是否真的值得发火。

愤怒时先别去想这件事，过一段时间再想，替这些情绪找到出口。体育锻炼是一种很好的释放方式：慢跑、打球、在没人的地方大喊大叫等都可以。

9.对事不对人

说“这件事情真的让我很生气”是针对事件，说“你这混蛋，怎么做出这种事情”就是针对人了。

10.勇于认错

不要因为一时愤怒造成了不好的结果而指责自己。如果是你的错，就拿出你发泄愤怒时的勇气来，去道歉，求得别人的谅解。

11.站在“肇事者”的立场想

为他寻找合理的理由，告诉自己：“那个找我麻烦的家伙搞不好遇上了什么烦恼，日子不好过。”

12.吸取教训

愤怒是一次学习的机会。通过了解自己愤怒的来源，我们可以把愤怒的能量转化为建设的动力。在平时注意那些让你烦闷的情境，不要让环境影响了你的心情，使你愤怒起来。比如，排队时人潮拥挤，空气恶劣，再加上等候时间长的话，人就容易发怒。这时，乘机放松一下，做做白日梦打发时间，有助于你的心情平和。

一个不会愤怒的人是庸人，一个只会愤怒的人是蠢人，一个能够控制自己情绪、做到少发怒的人是聪明人。只要我们肯下工夫学会制怒的正确方法，他人肯定会对我们的道德、修养以及理智、大度发自内心的佩服。那个时候，我们自会达到“风平而后浪静，浪静而后水清，水清而后游鱼可数”的境界。

心情改变，态度跟着改变；态度改变，习惯跟着改变；习惯改变，性格跟着改变；性格改变，人生跟着改变。因此，我们要学会在顺境中感恩，在逆境中依旧心存喜乐，远离愤怒，认真、快乐地生活。

CHAPTER 2

不生气你就赢了

最有效的情绪掌控法

一个不会生气的人是庸人，一个只会生气的人是蠢人，一个能够控制自己情绪、做到少动气的人是聪明人。聪明人的聪明之处，是善于运用理智，将情绪引入正确的表现轨道，使自己按理智的原则控制情绪，用理智驾驭情感。

我们都生活在复杂的社会中，我们的情绪，就如同变化的气候，有的时候很难估量和掌握。暴怒之下的举动，往往不理智。当你掌控了情绪，就掌控了整个世界。“一个人如果能够控制自己的激情、烦恼和恐惧，那他就胜过了国王。”

◎ 情绪可以成就你，也可以毁灭你

面对各种诱惑、困境、烦恼的时候，要想把握自己，不动怒不动气，就必须控制自己的思想，必须对思想中产生的各种情绪保持警觉性，并且视其对心态的影响是好是坏而接受或拒绝。乐观会增强你的信心和弹性，而仇恨会使你失去宽容和正义感。如果无法控制自己的情绪，将会因为不时的情绪冲动而受害。

情绪是人对事物的一种最浅、最直观、最不用动脑筋的情感反应。它往往只从维护情感主体的自尊和利益出发，不对事物做复杂、深远和智谋的考虑，这样的结果常使自己处在很不利的位置上或为他人所利用。本来，情感离智谋就已距离很远了，情绪更是情感的最表面部分、最浮躁部分，以情绪做事，焉有理智的？不理智，能有胜算吗？能占别人的便宜吗？看来是不可能的。

但是我们在工作、生活、待人接物中，却常常依从情绪的摆布，头脑一发热（情绪上来了），什么蠢事都愿意做，什么蠢事都做得出来。比如，因一句无甚利害的谈话，我们便可能与人打斗，甚至拼命（诗人莱蒙托夫、诗人普希金与人决斗死亡，便是此类情绪所为）；又如，因别人给我们的一点假仁假义而心肠顿软，大犯根本性的错误（西楚霸王项羽在鸿门宴上耳软、心软，以致放走死敌刘邦，最终痛失天下，便是这种妇人心肠的情绪所为）；还可以举出很多因情绪的浮躁、简单、不理智等而犯的过错，大则失国失天下，小则误人误己误事。事后冷静下来，自己也会感到其实可以不必那样。这都是因为情绪的躁动和亢奋蒙蔽了人的心智所为。

这些情绪实际上就是个人心态的反映，而这种心态有时将你作为完全掌控的对象。要想把握自己，你必须控制你的思想，你必须对思想中产生的各种情绪保持着警觉性，并且视其对心态的影响是好是坏而接受或拒绝。乐观会增强你的信心和弹性，而仇恨会使你失去宽容和正义感。如果你无法控制自己的情绪，你的一生将会因为不时的情绪冲动而受害。

三国时，诸葛亮和司马懿祁山交战，诸葛亮千里劳师欲速战决雌雄。司马懿以逸待劳，坚壁不出，欲空耗诸葛亮士气，然后伺机求胜。诸葛亮面对司马懿的闭门不战，无计可施，最后想出一招，送一套女装给司马懿，羞辱他如果不战小女子是也。古人很以男人自尊，尤其是军旅之中。如果是常人，定会接受不了此种羞辱。司马懿另当别论，他落落大方地接受了女儿装，情绪并无受到任何影响，而且心态甚好，坚壁不出。连老谋深算的诸葛亮也对他几乎无计可施了。

这就是战胜自己情绪的例子。生活中，更多的人是成为情绪俘虏的。诸葛亮七擒七纵孟获之战中，孟获便是一个深为情绪役使的人，他之不能胜于诸葛亮，非命也，实人力和心智不及也。诸葛亮大军压境，孟获弹丸之王，不思智谋应对，反以帝王自居，小视外敌，结果一战即败，完全不是其对手。孟获一战既败，应该坐下慎思，再出敌招，可他却自认一时晦气，再战必胜。再战，当然又是一败涂地。如此几番，把个孟获气得浑身战栗。又一次对阵，只见诸葛亮远远地坐着，摇着羽毛扇，身边并无军士战将，只有些文臣谋士之类。孟获不及深想便纵马飞身上前，欲直取诸葛亮首级。可想，诸葛亮已将孟获气成什么样子了，也可想孟获已被一己情绪折腾成什么样子了。结果，诸葛亮的首级并非轻易可取，身前有个陷马坑，孟获眼看将及诸葛亮时，却连人带马坠入陷阱之中，又被诸葛亮生擒。孟获败给诸葛亮，除去其他各种原因，生性爽直、失去理智也是一个重要的因素。

因情绪误人误事的事例不胜枚举。一般心性敏感的人、头脑简单的人、年轻的人，易受情绪支配，头脑容易发热。问一问你自己，你爱头脑发热吗？你爱情绪冲动吗？检查一下你自己曾经因此做过哪些错事、犯傻的事，以警示自己的未来。

【不生气的技术】

情绪成就一切。如果你正在努力控制情绪的话，可准备一张图表，写下你每天体验并且控制情绪的次数，这种方法可使你了解情绪发作的频繁性和它的力量。一旦你发现刺激情绪的因素时，便可采取行动除掉这些因素，或把它们找出来充分利用。

◎ 操纵好情绪，别被它绑架了自己

人的行为是受情绪所影响的，而人们对情绪的变化则与环境变化以及自身的情绪控制能力有关。环境的变化总是让人难以预料，如果人们对自己的情绪不加以控制，就很容易随着环境的变化而产生情绪的波动，最后又使人们的行为受到不同程度的影响，而人们的行为最终决定将来的一切。

人百分之百是情绪化的。即使有人说某人很理性，其实当这个人很有“理性”地思考问题的时候，也受到他当时情绪状态的影响，“理性地思考”本身也是一种情绪状态。所以人百分之百是情绪化的动物，而且任何时候的决定都是情绪化的决定。

成成的脾气很坏，一天，父亲给了他一袋钉子，并且告诉他，每当他发脾气的时候就钉一个钉子在后院的围栏上。第一天，成成钉下了37根钉子。第二天，成成钉下了22根钉子。慢慢地，每天成成钉下的钉子数量减少了，他发现控制自己的脾气要比钉下那些钉子容易得多。到最后，成成每每遇见难以解决的事情，都能很冷静地应对，不会失去耐性，乱发脾气了。父亲看到成成的变化很是高兴，于是，像智者一样的父亲又告诉成成，现在开始每当他能控制自己脾气的时候，就拔出一根钉子。终于有一天，成成高兴地告诉父亲，他终于把所有钉子给拔出来了。父亲握着成成的手，看着那些围栏上的洞说：“你看，这些围栏将永远不能恢复到从前的样子。如果你在别人的内心钉下了一根钉子，不管你说多少次“对不起”，那个被钉子钉过的伤口也将永远存在。”

快乐就和香水一样，香水满溢的时候，没有办法保证自己不沾上一些。同样的道理，怒气就像墨汁一样，我们把它倾泻给别人的时候，也没有办法保证不把自己的衣服染黑。

在成成成长的道路上，他从钉下钉子到拔除钉子，坏脾气的他渐渐改变为温和冷静的人。正是父亲为成成指引了正确的控制情绪的道路，引导成成管理好自己的情绪。人们烦恼愤怒的时候说的话就像钉子一样，会在我们的心灵与身体上留下疤痕。我们的脸因为对失败的怨恨而有皱纹，因为悔恨而变了形，表情僵硬。不管怎样美容、修复容貌，也不如内心充满了宽容、温柔和爱所能修复得那么好。

《易经》上说：“在能够使万物干燥的东西中，没有比火更厉害的了；在能够使万物动摇的东西中，没有比风更快的了。”当风与火遇到一起的时候，风助火势，火壮风威，就能轻而易举地失去控制。人们说愤怒是“怒火中烧”“怒气冲冲”，就是因为人在生气的时候，就像用风箱向火炉中鼓风一样。如果不加控制，任凭怒气和怒火发泄，就可能害人又害己。

陶陶妈经常为一些琐碎小事恼怒生气。她知道这样不好，便去求一位大师为自己开阔心胸。大师听了她的讲述一言不发地把她领到禅房中，落锁而去。陶陶妈气得跳脚大骂。许久大师也不理会，陶陶妈又开始哀求，大师仍置若罔闻。陶陶妈沉默下来时，大师站在门外问她："你还生气吗？"陶陶妈说："我气自己怎么会到这地方来受这罪。"连自己都不原谅的人怎么能心如止水？大师拂袖而去。半晌，大师继续问陶陶妈还烦恼吗？陶陶妈静静地回答说不烦恼了。大师问其原因，她说没办法呀！大师说："你的烦恼还在内心，并未消失，爆发后将更加剧烈。"说完再次扬长而去。

当大师又出现在禅房门外时，淘淘妈告诉他，不恼怒也不生气了，因为不值得气。值不值得气，可见心中还有烦恼之根。当大师打开门，陶陶妈问："大师，什么是气？"大师将手中的茶水倾洒于地。

气是一种什么东西？气便是别人吐出而我们却接到口里的那种东西，我们一旦吞下，马上就会反胃，当我们看都不看它就把它洒掉时，它便会消散了。当我们不知道什么是气时，就已经完全超脱出气与消气的对立，不需要任何方法了。

消极颓废的情绪使人们不能完成任何事情，给人们带来的只有衰败、破坏以及死亡。可以说，这种不加克制的情绪是未来成功者的最大敌人。如果有谁经常认为命运故意与自己作对，常常抱怨环境的艰苦和生活的贫困，那他就已经受到了消极情绪的影响。此时，如果不及时地用理智、勇气和意志除去消极情绪，那他的未来就很难有大的发展，而且周围的人也不愿意与情绪如此消极的人结为朋友。

经济危机的时候，市政府需被迫解雇一部分公职人员，有些资历老的员工也在被解雇行列。原本都以为吃政府饭是最有保障的公职人员，现在却不得不面临失业，因此不免大为惊慌。

因当时的政策是否解雇是以工龄资历等来决定的，因此消防队的周参谋感到特别忧虑。他处在不上不下的情况，不清楚自己的工龄资历等能不能保住工作，他可能超过解雇标准，也可能低于标准。他担心如果失去工作该怎么办，但是又推想自己可能不在解雇之列。最后，他终于克服了他的忧虑：最坏的情况是他会失去他的工作。即使他真的失去这份工作，他还年轻，可以重建他的生活。他为他重建生活做好了准备，他决定再去进修，准备开创新的事业。一旦下定了这个决心，忧虑就不再主宰他的生活。第二种情况是即使他能保住工作，他还是要去进修，这样纵使市政府要进一步解雇人员，或者他退休了，或是他自己决定离开消防队，都对他很有帮助。

【不生气的技术】

人们之所以感到忧虑，很普遍的一个原因是想胜过别人或想做某一个人。我们每个人都必须做我们自己，我们不可能完全像另一个人，我们如果想用一种不属于我们的方式去做一件事情，是不可能成功的。人有的时候会为那些根本不重要的事而忧虑，他们过分强调在生活中受到的一些伤害，并且经常因此而愤世嫉俗。

◎ 情绪不佳时，试试转移注意力

人们在生活中有时会遇到恶意的指控、陷害，更经常会遇到种种的不如意。有的人会因此大动肝火，结果把事情搞得越来越糟，就像下面这位议员一样。

在20世纪60年代的美国，有一位很有才华、曾经做过大学校长的人，准备竞选美国中西部某州的议会议员。此人资历很高，又精明能干、博学多识，看起来很有希望赢得选举的胜利。但是，在选举的中期，有一个小谣言散布开来：三四年前，在该州首府举行的一次教育大会中，他跟一位年轻女教师“有那么一点暧昧的行为”。

这实在是一个弥天大谎，这位候选人对此感到非常愤怒，并尽力想要为自己辩解。由于按捺不住对这一恶毒谣言的怒火，在以后的每一次集会中，他都要站起来极力澄清事实，证明自己的清白。其实，大部分的选民根本没有听到过这件事，但是，现在人们却愈来愈相信有那么一回事，真是愈抹愈黑。公众们振振有词地反问：“如果他真是无辜的，他为什么要百般地为自己狡辩呢？”如此火上加油，这位候选人的情绪变得更坏，也更加气急败坏声嘶力竭地在各种场合下为自己洗刷，谴责谣言的传播。然而，这却更使人们对谣言信以为真。最悲哀的是，连他的太太也开始转而相信谣言，夫妻之间的亲密关系被破坏殆尽。

最后他竞选失败，从此一蹶不振。其实这都是竞争对手设计出来的，他何苦对其如此在意呢？

我们都会因不愉快的事而情绪不佳，这时你不妨试试转移自己的情绪注意力，不要在不愉快的事情上纠缠不休。如果你越要弄个清楚，越会陷入失败的泥沼不能自拔。你可以学学下面转移情绪的几个好方法。

1.积极参加社交活动，培养社交兴趣

人是社会的一员，必须生活在社会群体之中，一个人要逐渐学会理解和关心别人，一旦主动爱别人的能力提高了，就会感到生活在充满爱的世界里。如果一个人有许多知心朋友，就可以取得更多的社会支持。更重要的是可以感受到充足的社会安全感、信任感和激励感，从而增强生活、学习和工作的信心和力量，最大限度地减少心理应激和心理危机感。

一个离群索居、孤芳自赏、生活在社会群体之外的人，是不可能获得心理健康的。随着核心家庭的增多，来自家庭的社会支持减少，因此走出家庭，扩大社交显得更有实际意义。

多取得身边资源。经理可以多找部属聊，同事之间也可互相讨论，激发出一个可执行的方案，执行时大家都有参与感。执行方案因为已纳入所有工作者的智慧，个人会有值得存在的价值感，减少不必要的失落。

2.多找朋友倾诉，以疏泄郁闷情绪

生活和工作中难免会遇到令人不愉快和烦闷的事情，如果有好友听你诉说苦闷，那么压抑的心境就可能得到缓解或减轻，失去平衡的心理可以恢复正常，并且得到来自朋友的情感支持和理解，获得新的思考，增强战胜困难的信心。

还可向自然环境转移，郊游、爬山、游泳或在无人处高声叫喊、痛骂等。也可积极参加各种活动，尤其是将自己的情感以艺术的手段表达出来。

3.重视家庭生活，营造一个温馨和谐的家

家庭可以说是整个生活的基础，温暖和谐的家是家庭成员快乐的源泉，事业成功的保证。在此环境下成长的孩子，也利于人格的发展。如果夫妻不和、吵架，将会极大地破坏家庭气氛，影响夫妻的感情及其心理健康，而且也会极大地影响孩子的心灵。可以说不和谐的家庭经常制造心灵的不安与污染，对孩子的教育很不利。

理想的健康家庭模式，应该是所有成员都能轻松表达意见，相互讨论和协商，共同处理问题，相互提供情感上的支持，团结一致应付困难。每个人都应注重建立维持一个健全的家庭。社会可以说是个大家庭，一个人如果能很好地适应家庭中的人际关系，就可以很好地在社会中生存。

【不生气的技术】

当你为一件烦恼的事情痛苦得难以自拔时，你不妨对自己大喝一声：这样痛苦下去就能解决问题吗？生命太短促了，金钱、名利是身外之物，一切都是过眼烟云，还有多少事情正等着我去做……

◎ 你想改变世界，先要改变情绪

哈佛学子约翰·肯尼迪曾说：“一个连自己都控制不了的人，我们的民众会放心把国家都交给他吗？”

不好的情绪常常折磨我们的心灵，使我们做事情总是犯错误。因此，我们应尽量在情绪控制自己之前控制情绪。那些能取得成就的人往往是能驾驭情绪的人，而失败得一塌糊涂的人通常是那些被情绪驾驭的人。

一名初入歌坛的歌手，满怀信心地把自制的录音带寄给某位知名制作人。然后，他就日夜守候在电话机旁等候回音。

第一天，他因为满怀期望，所以情绪极好，逢人就大谈抱负。第十七天，他因为情况不明，所以情绪起伏，胡乱骂人。第三十七天，他因为前程未卜，所以情绪低落，闷不吭声。第五十七天，他因为期望落空，所以情绪坏透，拿起电话就骂人。没想到，电话正是那位制作人打来的，他为此而自断了前程。

实际上，我们自己不生气什么事情都没有了，生气都是自找的，在生气的时候我们要适当进行情绪转换，让自己不至于伤心难过。

有些人一遇到挫折，就会觉得自己倒霉透顶。于是，嘴里骂着，心里恨着。其实这样的生气是无谓的，根本不能改变现状，还不如利用这些时间想想如何变不利为有利，跨过艰难。

约翰尼·卡特很早就有一个梦想——当一名歌手。参军后，他买了自己有生以来的第一把吉他。他开始自学弹吉他，并练习唱歌，还自己创作了一些歌曲。服役期满后，他开始努力工作以实现当一名歌手的愿望，可他没能马上成功。没人喜欢听他唱歌，他连电台唱片音乐节目广播员的职位也没能得到。他只得靠挨家挨户推销各种生活用品维持生计，不过他还是坚持练唱。他组织了一个小型的歌唱小组在各个教堂、小镇巡回演出，为歌迷们演唱。不久，他制作的一张唱片吸引了两万名以上的歌迷，金钱、荣誉、在全国电视屏幕上露面——所有这一切他都赶上了。他对自己坚信不疑，这使他获得了成功。

然而，卡特又接着经受了第二次考验。经过几年的巡回演出，他被那些狂热的歌迷拖垮了，晚上必须服安眠药才能入睡，而且还要吃些“兴奋剂”来维持第二天的精神状态。他开始染上一些恶习——酗酒、服用催眠镇静药和刺激兴奋性药物。他的恶习日渐严重，以致对自己失去了控制能力：他更多的不是出现在舞台上而是在监狱里。到了1967年，他每天必须吃一百多片药。

一天早晨，当他从佐治亚州的一所监狱刑满出狱时，一位行政司法长官对他说：“约翰尼·卡特，我今天要把你的钱和麻醉药都还给你，因为你比别人更明白，你能充分自由地选择自己想干的事。这就是你的钱和药片，你现在就把这些药片扔掉吧，否则，你就去麻醉自己、毁灭自己，你自己选择吧！”

卡特选择了生活。他又一次对自己的能力有了肯定，深信自己能再次成功。他回到纳什维利，并找到他的私人医生，开始戒毒瘾。尽管这在别人看来几乎不可能，因为戒毒瘾比找上帝还难。但他把自己锁在卧室闭门不出，一心一意就是要根绝毒瘾，为此忍受了巨大的痛苦，经常做噩梦。后来，在回忆这段往事时，他说，那段时间总是感觉昏昏沉沉的，好像身体里有许多玻璃球在膨胀，突然一声爆响，只觉得全身布满了玻璃碎片。当九个星期以后，他又恢复到原来的样子了，睡觉不再做噩梦。他努力实现自己的计划，几个月后，重新登上了舞台。经过不停息的奋斗，他终于又一次成为超级歌星。

一个人要想改变世界，首先要改变自己的情绪。天底下最难的事莫过于驾驭自己，这正如一位作家所说："自己把自己说服了，是一种理智的胜利；自己被自己感动了，是一种心灵的升华；自己把自己征服了，是一种人生的成熟。大凡说服了、感动了、征服了自己的人，就有力量征服一切挫折、痛苦和不幸。"

【不生气的技术】

控制自己不是一件非常容易的事情，因为我们每个人心中永远存在着理智与感情的斗争。二十几岁的年轻人应该有战胜自己的感情，控制自己命运的能力。如果任凭感情支配自己的行动，就会使自己成为感情的奴隶。

◎ 常怀欢喜心，进入洒脱爽快的境界

人生是一串用无数小烦恼组成的念珠，乐观的人是笑着数完这串念珠的。一个人如果能乐观地对待不如意的事，自然会烦恼自消，愁肠自解。

常怀一颗欢喜心，调节好自己的情绪，使好的心情与自己结伴而行，是完全可以做到的。因为情绪是主观对客观的一种感受和体验，是可以自己支配的。人到晚年，调节好自己的情绪，使自己进入洒脱通达的境界，就掌握了生命的主动权，就能感受和体会到生命和生活中的无穷乐趣。

有很多时候是我们自己给快乐设定了障碍，因此，不妨给自己提一个建议：不要为享乐设定先决条件。

不要对自己说："等我赚到一万美元，我才可以好好享乐。"

不要说："等我上了那架飞往巴黎、罗马、维也纳的飞机，我就高兴了。"

不要说："等我到了60岁退休时，我就能躺在安乐椅上享受日光浴……"

享乐不应该有"假如"等限定条件。

每天的一个基本目标是：你有权自娱，不论你是一位百万富翁或是一个不名一文的流浪汉。

一个脆弱的百万富翁可能会对自己说："如果有人把我的所有积蓄夺去，那就没有人会理我了。"

一个坚强的人可以对自己说：“如果债主非得逼我和他捉迷藏不可，那我就借这个机会好好活动活动。”

人世间，并非无烦恼就快乐，亦非快乐就没有烦恼。那么人们能否一生都保持愉快的生活呢？请牢记下面七条：

1.承认弱点。人无完人，要承认自己的弱点，乐意接受别人的建议、忠告，并有勇气承认自己需要帮助。

2.吸取教训。面对失败和挫折应该从中吸取教训，勇往直前。

3.有正义感。在生活中诚实和富有正义感，朋友们就会乐于帮助你。

4.能屈能伸。对待人生应处之泰然，人的一生会遇到意想不到的打击或其他不幸，要客观对待、随遇而安。

5.热心助人。帮助别人，与人关系融洽，自然就会受人尊敬。

6.宽恕之心。自己受到不平等待遇时，必须宽恕和同情他人。

7.坚守信念。当你做任何事情时，都必须坚守个人的信念。

然而，快乐有时需要我们自己去寻找、创造。创造快乐可用以下方法：

1.精神胜利法。这是一种有益身心健康的心理防卫机制。在你的事业、爱情、婚姻不尽如人意时，在你因经济上得不到合理对待而伤感时，在你无端遭到人身攻击或不公正的评价而气恼时，在你因生理缺陷遭到嘲笑而郁郁寡欢时，你不妨用阿Q的精神调适一下失衡的心理，营造一个祥和、豁达、坦然的心理氛围。

2.难得糊涂法。这是心理环境免遭侵蚀的保护膜。在一些非原则性的问题上“糊涂”一下，无疑能提高心理的承受能力，避免不必要的精神痛楚和心理困惑。有这层保护膜，会使你处乱不惊，遇烦不忧，以恬淡平和的心境对待生活中的各种紧张事件。

3.幽默人生法。这是调节心理环境的“空调器”。当你受到挫折或处于尴尬紧张的境况时，可用幽默化解困境，维持心态平衡。幽默是人际关系的润滑剂，它能使沉重的心境变得豁达、开朗。

4.宣泄积郁法。心理学家认为，宣泄是人的一种正常的心理和生理需要。你悲伤忧郁时，不妨与异性朋友倾诉；也可以通过热线电话等向主持人和听众倾诉；也可进行一项你所喜欢的运动；或在空旷的原野上大声喊叫，这样既能呼吸新鲜空气，又能宣泄积郁。

5.音乐冥想法。当你出现焦虑、忧郁、紧张等不良心理情绪时，不妨试着做一次“心理按摩”——音乐冥想“维也纳森林”，坐“邮递马车”……

【不生气的技术】

创造快乐有很多种方法，重要的是我们在生活中、工作中，要常怀一颗欢喜心。

◎ 积极的情绪，令你天天都是好日子

美国密歇根大学心理学家巴巴拉·弗雷德里克森最近的研究成果指出，积极的情绪可以开启人类的心灵，使其朝更多的方向发展。也就是说，积极思考的人比消极思考的人拥有更多的选择和资源。如果我们能够不断保持积极的情绪，那么我们不论做什么事效率都会比较高。

1.消极的情绪更具有强迫性。人类偏向消极情绪的部分原因是，许多问题比积极因素的强化更具有强迫性。

2.负面的情绪会限制思考能力。负面的情绪会限制我们的思考能力，例如看到一只不怀好意的大狗向你冲过来，你会立刻产生这只狗可能攻击你的负面想法。若没有这个有意识的念头，你可能不会主动设法保护自己。如果你想象这只狗即将攻击你，你全部的意识就会集中在如何全身而退的问题上。

3.积极的情绪可以开启思考。如果我们充满喜悦，各种可能性都会存在。在这种情况下，我们可以四处玩乐，享受幻想的乐趣，在情绪上、心智上、社交上尽情开放。“危险”在充满喜悦的情境下，是毫无立足之地的。

4.积极的情绪可以调节负面的情绪。以喜悦代替愤世嫉俗，可以协助员工怀着更满足的心态完成工作。

5.积极的心情往往会产生更具创造力的思考、更具诱导性的推理能力（解决问题），以及更有弹性的行事方法。

如果你把世界看成是积极的、安全的和充满乐趣的，你就可以积极地解决问题，并发现新的解决途径。

以积极的情绪代替负面的心理状态，必须从认知开始着手，其次才是有意识地转换或改变情绪。在不同的心理状态之间来回转换，是改变情绪的重要技巧之一。我们可以用计算机为例，当计算机送出一个“错误”的信息时，通常会提醒你保存文件，然后重新开机。

如果你的心情不好，你的生物计算机会提醒你不要忽略你的情绪，应该设法转换或重新开启你的心情。

一位大学毕业生应聘于一家公司搞产品营销，公司提出试用3个月。3个月过去了，这位大学生没有接到正式聘用的通知，于是他一怒之下提出辞职，公司一位副经理请他再考虑一下，他越发火冒三丈，说了很多过激的话。对方终于也动了气，明明白白地告诉他，其实公司不但已决定正式聘用他，还准备提拔他为营销部的副主任。这么一闹，人家无论如何也不用他了。这位涉世未深的大学生因为他的不理性而丧失了一个绝好的机会。

研究表明，强烈的情绪反应会骤然阻断人们的正常思维，持久而炽热的情绪则能激发人们无限的潜能去完成工作。

生活中你一定会有这样的体验：在情绪好、心情爽的时候，思路开阔、思维敏捷，学习和工作效率高；而在情绪低沉、心情抑郁的时候，思路阻塞、操作迟缓，学习工作效率低。也就是说，情绪会左右人的认知和行为。具体表现在如下几方面：

1.情绪影响人的心理动机。情绪能够影响人的心理动机，可以激励人的行为，改变人的行为效率。积极的情绪可以提高行为效率，加强心理动机；消极的情绪则会阻碍降低行为效率，减弱心理动机。

一定的情绪兴奋度能使身心处于最佳活动状态，发挥最高的行为效率。这个最佳兴奋度因人而异。

2.情绪影响人的智力活动。情绪对记忆和思维活动有明显的影响。例如，人们往往更容易记住那些自己喜欢的事物，而对不喜欢的东西记起来则比较吃力；人在高兴时思维会很敏捷，思路也很开阔，而悲观抑郁时会感到思维迟钝。

3.情绪影响人际信息交流。情绪不仅仅存在于一个人的内心，它还可以在人与人之间进行传递，而成为人际信息交流的一种重要形式和手段。

乐观的人经常培育出值得信任的人际关系，这种关系会成为相互支持的网络。由于工作和家庭生活经常相互重叠，人们需要在工作和家庭之间建立积极的和相互支持的人际网络。有魅力的人会主动地在工作和家庭中寻找积极的人。

一个相互支持的人际关系网络，可以为你提供以下好处：

1.有助于解决问题。

2.分享有用的信息。

3.提醒你问题的出现。

4.帮助你改善自我感受并认识到你的成功。

5.一起娱乐开心。

6.拥有朋友。

【不生气的技术】

人生总是在失落中思索、遥望。如果人生没有了忧悲苦恼，没有悲欢离合，那么人生就是一场空白，一场惨淡。花季的烂漫，雨季的忧伤，随着年轮渐渐淡忘，沉淀于心的，一半是对美好的追求，一半是对残缺的接纳。在生命中，渐渐变得随和，那些曾经看不惯、受不了的，如今不过是淡然一笑。因为，成熟，不是看破，而是看淡。

◎ 我的情绪我做主，好情绪靠整理

我们可能曾经有过这样的经历：考试前焦虑不安、坐卧不宁；受到老师、父母批评后眼前一片空白，不愿上学；和同学朋友争吵后，气得上街乱逛，买一堆不合时宜的东西泄愤。

像这类“犯规”的举止，偶尔一次还不要紧，如果经常这样，可就要小心了！因为不知不觉中你已经成了“感觉”的奴隶，陷于情绪的泥淖而无法自拔。所以一旦心情不好，就“不得不”坐立不安，“不得不”旷工、“不得不”乱花钱、“不得不”酗酒滋事。这样做不仅扰乱了自己的生活秩序，也干扰了别人的工作、生活，丧失了别人对你的信任。

对有些人而言，“情绪”这个字眼不啻于洪水猛兽，唯恐避之不及！领导常常对员工说：“上班时间不要带着情绪。”妻子常常对丈夫说：“不要把情绪带回家。”……这无形中表达出我们对情绪的恐惧及无奈。也因此，很多人在坏情绪来临时莽莽撞撞，如果处理不当，轻者影响日常工作的发挥，重者使人际关系受损，更甚者导致身心疾病的侵袭。

真正健康、有活力的人，是和自己情绪感觉充分在一起的人，是不会担心自己一旦情绪失控会影响到生活的。因为他们懂得驾驭、协调和管理自己的情绪，让情绪为自己服务。

当你明白自己的情绪不对劲后，你要去认识，有哪些责任是自己应该负责却没有做好的，又有哪些责任是外在的原因造成的。比如，你因迟到遭到上司的罚款处罚，心情很沮丧。那你就要追问自己：此事是自己的原因还是外部的原因？如果是属于堵车之类的外部原因，那么不必太在意。如果是自己动作慢，常起晚的原因，那就改变习惯而不是谴责自己。如果因此养成了良好的习惯，那领导的处罚也是值得的。

当人面对自己不利的事情时会产生恐惧、担忧、焦虑，而一旦找到了解决问题的方法，正好帮助自己增强对事情的“控制力”，你的坏情绪也就会得到缓解。

以下方法能整理不良情绪，赢回内心的平和。

1.宣泄法

情绪的宣泄是平衡心理、保持和增进心理健康的重要方法。不良情绪来临时，我们不应一味地控制与压抑，还要懂得适当的宣泄。当动气和愤怒时，可以到空旷的地方去大喊几声，或者像屠格涅夫一样“在开口前把舌头在嘴里转上十圈，怒气也就减了一半”，或者进行比较剧烈的体育活动，如跑两圈、扔铅球，等等。当过度痛苦和悲伤时，放声痛哭比强忍眼泪要好。研究证明，情绪性的眼泪和别的眼泪不同，它含有一种有毒生物化学物质，会引起血压升高、心跳加快和消化不良等不良症状。

通过流泪把这些物质排出体外，对身体有利。尤其是在亲人和挚友面前痛哭流涕，是一种真实感情的宣泄，哭过之后痛苦和悲伤就会减轻许多。

一位百岁老人的经验不妨借鉴一下。产生不良情绪时他有调节的妙招：①坚决不去想烦心事；②和童真的小孩们一块玩耍；③照镜子，看看自己动气的样子是不是很难看，然后努力拿出笑容，看看是不是很悦目。

2.语言暗示法

语言是人类独有的高级心理功能，是人们交流思想和彼此影响的工具。语言的暗示对人的心理乃至行为会产生奇妙的作用。在被不良情绪所压抑的时候，可以通过语言的暗示作用来调整和放松心理上的紧张状态，使不良情绪得以缓解。比如，在发怒的时候，就重述一下达尔文的名言："人要是发脾气就等于在人类进步的阶梯上倒退了一步。愤怒以愚蠢开始，以后悔告终。"

或者用自编的语言暗示自己，如"不要发怒""别做蠢事，发怒是无能的表现""发怒会把事情办坏的""发怒既伤自己又伤别人，还于事无补"。还可以在家中或单位悬挂字幅暗示自己，例如禁烟英雄林则徐为了控制自己的暴躁脾气，便在中堂挂了上书"制怒"的大字幅，随时提醒自己。在忧愁满腹时，则可以提醒自己"忧愁没有用，要面对现实，想出解决办法"，等等。在松弛平静、排除杂念、专心致志的情况下，进行这种自我暗示，往往对情绪的好转有明显的作用。

3.景色调节法

情绪不佳时，千万不要把自己关在屋子里生闷气，要到景色怡人的大自然中走一走，比如环境优美、空气宜人的花园、郊外，甚至是农村的田园小路，都能宽广胸怀、愉悦身心、陶冶情操，能有效调节人的心理状态。尤其是长期处于紧张工作状态的人，最好定期到大自然中去放松一下。

4.求助他人法

培根说过："如果把你的苦恼与朋友分担，你就剩下一半的苦恼了。"不良情绪仅靠自己调节是不够的，还需要他人的疏导。人的情绪受到压抑时，应把心中的苦恼倾诉出来，如果长时间地强行压抑不良情绪的外露，就会给人的身心健康带来伤害。

特别是性格内向的人，光靠自我控制、自我调节还远远不够，可以找一个亲人、好友或可以信赖的人倾诉自己的苦恼，求得别人的帮助和指点。在很多情况下，一个人对问题的认识往往是有限的，甚至是模糊的，旁人点拨几句，会使你茅塞顿开。人家即使不发表意见，仅是静静地听你说，也会使你得到很大的满足。别人的理解、关怀、同情和鼓励，更是心理上的极大安慰，尤其是遇到人生的不幸或严重的疾病，更需要别人的开导和安慰。

【不生气的技术】

将自己的忧愁和烦恼倾诉出来，不但会保持愉快的情绪，而且会增进人际交往，令你感觉到自己生活在爱的怀抱中。

★不失控的心理课：控制情绪的步骤和方案

我们要对自己的情绪做出明智的选择。这样做就意味着我们要将情绪和思想统一在我们的行动中，要求我们对情绪保持平衡、平和的心态，既不将情绪压在意识表面之下，也不能过分夸大情绪的重要性。不能做到以上两点的话，就说明我们太理性了或者太意气用事了，情绪平衡的目标是有理性的激情。

下面是控制情绪的步骤和方案。这些关键的步骤仅花费几秒的时间就能够在控制情绪和爆发怒火之间造成不同的结果，这些步骤能够帮助你冷静下来。

1.放慢你的呼吸频率，温和地说话，做一个深呼吸并放松。

2.了解你的情感。你是否感到难堪、被冒犯、受惊吓或感到迷惑？要知道是哪些特定的环境导致你情绪失去控制的。例如，当你为如期完成任务而冲刺时，你可能变得烦恼不堪。

3.了解导致你生气的真正原因。你是否因为被无辜地指责做了某事而感到难过？

1. 准备一套方案以应对生气的人

准备一套方案来应对把你作为出气筒的人。该方案是一个行动计划。如果你有一个应对计划，你就会较容易地控制情绪。一旦你感到心情平静，你就能使用UART模式。UART模式是一种用来对付发怒者的有效方法。

U：Understand（理解）

A：Apologize（道歉）

R：Resolve the Problem（解决问题）

T：Take a Break （休息一会儿）

（1）理解。认真而冷静地倾听，让发怒的人谈出他的感受。用你自己的话复述一遍你认为生气的人想说的内容。

（2）道歉。大多数发怒的人认为他们受到了不公正对待。他们在接受诚挚的道歉后，怒气会小一些。

（3）解决问题。竭尽所能解决问题。如果你不能马上解决，请解释你能够做什么以及将在什么时候彻底解决这个问题。大多数时候，人们的火气会在这种交谈中消失掉。如果他们仍在生气，而你已经开始感到你的情绪正在失去控制，这时请你采取下个一步骤。

（4）休息一会儿。你如果感觉到下面一种或多种情况即将发生，就是到了该休息的时候了：

①情感变得危险。

②你将要说出一些令你后悔的话。

③对方开始喊叫，脸胀得通红。

④你无论说什么或做什么都没有用。

⑤你或对方的情感正失去控制。

休息的时间可以从5分钟到24小时不等，地点可在任何地方。你可以这样说："我需要几分钟来确认一些事。我们彼此都花几分钟时间再想一想，我们可以15分钟以后再谈吗？"

当遇到不可避免的情况发生时，高情商的人会积极地面对否定他的人。如果你在生活中以积极和乐观的方式对待一个否定你的人，你将帮助他明白，其行为是如何影响别人以及他自己的事业成功的。事先准备一套办法会使这种面对更有效。这套办法应该包括对此人行为的客观描述，并真诚地解释他的行为是怎样影响你的情绪的。

2. 可行的应对方案

设想哲日米是一个否定者而且是你项目团队中的一员。他经常抱怨什么都不如人意，对任何改进措施都大挑毛病。他对工作非常不满意，并且他的态度影响了团队的其他成员。

（1）给你自己一个积极的信条。

例如：“我能与哲日米谈论他的消极态度及其对我的影响。”

（2）客观地描述哲日米的行为。

例如：“当我们提出一个解决办法时，你说它为什么不会有用。”

（3）描述他的消极态度怎样影响你。

例如：“我感到苦恼，因为我们没有把足够的时间花在怎样让项目运转起来上。相反，我们把时间用在了分析解决方案的错误上。”

（4）如果这个人的消极行为没有改变，告诉他你准备做什么。

例如：“如果你继续这样做，我就让你知道我的感受。而且，我会在没有你参与的情况下完成任务。”

（5）遵守你的承诺。

如果压力持续了较长的时间，人的身体将在体力、精神和情绪方面变得精疲力尽。长期的压力会干扰大脑的注意力和逻辑性。这使得你更加难以应对生气的同事、沮丧的客户和总在发号施令的上司。当你身心健康的时候，或者积聚你的个人能量，你可以有效地处理各种压力。

能量源在你的大脑中创造出产生良好感觉的化学物质（内分泌）。这些化学物质使你情绪高涨，让你感觉良好。

（1）能量源之一——锻炼

锻炼可以增加你的心跳和呼吸的频率，可以使你出汗。许多健康专家建议每天活动20~40分钟，每周活动3~5次。即使活动量很小也是有帮助的，并且活动随着年龄的增长日趋重要。一个有效的活动计划可能是每周有五次每次半个小时轻松的散步。

（2）能量源之二——大笑

幽默感对你和别人都是重要的。你是否因看戏剧、电影或听笑话而捧腹大笑？捧腹大笑可以增加心跳、加速呼吸、增加大脑中的内分泌激素。注意不要拿别人取乐，但是要和他们一起从每天的事件里寻找快乐。

（3）能量源之三——关心

关心是与别人积极的情绪接触。积极的情绪接触包括给予或接受支持、鼓励以及帮助别人。给予的爱和关怀会在大脑中形成产生好感觉的化学物质，使给予者和接受者都从中获益。

情绪智力是指能够理解自己的情感，对他人的感情感同身受的能力以及为了改善自己的生活控制情绪的能力。情绪智力涉及很多内容，但主要包括5个方面：

（1）自我知觉：能够了解自己的心情、情绪、需要及对他人所产生影响的能力。自我知觉还包括利用直觉做出能够使自己快乐生活的决定的能力。

（2）自制：能够控制冲动，排除焦虑，将气愤情绪控制在合理范围内的能力。自我控制能力高的人在事态没有按照计划发展的时候能够有效控制过度发脾气的行为，进而避免造成不必要的损失。情绪自控能力差的人往往不能成就事业。

（3）自我激励：能够发现工作的乐趣，而不仅是为了金钱和地位而工作的能力。自我激励能力往往包括良好的恢复能力、持久的生活热情、坚韧不拔的毅力以及乐观精神。

（4）移情：能够对他人非语言表达的情绪做出反馈的能力，也指根据他人的情绪反应做出相应反馈的能力。移情之所以重要是因为工作中有许多情况需要对他人的情绪做出恰当的反应。

（5）社会技能：能够有效建立人际关系网络，管理人际关系，并且营造良好人际关系的能力。

虽然有许多项目旨在帮助人们提高自己的情绪智力，但是越早发展这种能力对个人的发展越好。因为情绪智力形成和发展的重要阶段是儿童时期，当然人们在成年后也可以学习如何提高自己的情绪智力。对于广大的成年人来说，虽然我们已失去了儿童这一宝贵的情绪智力发展时期，但“亡羊补牢，犹未为晚”，只要采取积极有效的方法，相信个人的情绪智力会有较大提高。

对那些能够表明你生活中感到威胁的领域，我们把它们称为“情绪香蕉”。这一观点产生于亚洲一些偏远地区捕捉猴子的一种普遍使用的方法。为了捕捉到猴子，猎人在丛林的地面上绑上一个小柳条笼子。笼子的口很小，仅仅允许猴子空着手伸进去并抽出来。猎人在笼子里放上一两根香蕉，当猴子看见时，就会把手伸进去攫取香蕉。但是，当它手上拿着香蕉时，它的手就抽不出来了，于是它就很容易被猎人捕获。人没有什么不同——我们死死地抓住我们的“情绪香蕉”不肯松手，因为我们感到失去了它们就会有威胁。“情绪香蕉”常见的内容包括：

（1）对身份地位的渴望。

（2）需要得到他人的爱和尊重。

（3）控制欲的需要。

（4）对得到承认的渴望。

（5）对不舒适的逃避。

CHAPTER 3

再生气也要微笑

心若优雅自有力量

世事多变，有谁能够预料到下一刻将要发生什么呢？历练一股强大的力量，做内心强大的自己！

再生气也要微笑，淡定从容，不攀附不将就、不迷茫不低头，以优雅的姿态过自己想要的生活。

◎ 以和气对火气，将没人能打败你

碰到有人火气十足、无端撒气时，如果柔言相答，以和气对火气，结果会换来微笑。

一家瓷器店营业员老王面对一位十分挑剔的女顾客，给她拿了好几套瓷器，挑了半个钟头还没选中。因顾客太多，他先照应别的顾客去了。这位女顾客以为冷落了她，便把脸一沉，大声指责说："喂，你这是什么态度，你眼睛没有看见我先来吗？为什么扔下我不管？"她把钞票往柜台上一扔，命令道："快给我买，我还有急事！"这话真够刺耳难听的。然而，老王没和她"一般见识"，他安排好其他顾客，和颜悦色地对她说："请你原谅，我们店生意忙，对你服务不周到，让你久等了，我服务态度不好，欢迎你多提宝贵意见。"老王这几句真诚而谦逊的话一出口，那位女顾客的脸一下子红了，转而难为情地说："我说得不好听，也请你原谅。"

老王以"和气"对"火气"，表面上"似水柔情"，实际上"力胜千钧"。

一家餐馆里，一位顾客粗声大气地嚷着："小姐，你过来，你过来！"他指着面前的杯子，满脸怒气地说："看看，你们的牛奶是劣质的吧，看把这杯红茶都糟蹋了！"

"真对不起！"服务小姐笑道，"我立刻给您换一杯。"

新红茶很快端来了。茶杯跟前仍放着新鲜的柠檬和牛奶。小姐把红茶轻轻放在顾客的面前，又轻声地说：“我是不是能向您建议，如果在茶里放柠檬，就不要加牛奶，因为有时候柠檬会造成牛奶结块。”顾客的脸一下就红了。他匆匆喝完茶，走了出去。

有人笑着问服务小姐：“明明是他没理，你为什么不直说呢？他那么粗鲁地叫你，你为什么不给他一点颜色瞧瞧？”

小姐说：“正因为他粗鲁，所以要用婉转的方式对待；正因为道理一说就明白，所以用不着大声。理不直的人，常用‘气壮’来压人。理直的人，要用‘气和’来交朋友！”

客人们都佩服地点头笑了，对这家餐馆也增加了许多好感。

某国产名牌鞋专卖店发生过这样一件事：一次，一名顾客怒气冲冲地找到店长，说：“我在你们店花500多元买了一双鞋，没穿几天开胶了，要来退，售货员不给办！你们就是说一套做一套，骗完钱了事！整天说什么顾客是上帝，我看就是挂在口头贴在墙面上的空话！”

店长也很不高兴，情况都没说明白怎么就开始人身攻击了。于是勉强压下火气说：“这位先生，我们的保修票据上说得很清楚，开胶了只能修不能退！”

没想到顾客更火了，喊着要去找消费者协会投诉，找媒体曝光品牌。店长也不示弱，干脆“据理力争”，最后这位顾客嘴里嚷骂着出了店门。

在处理和解决顾客投诉时，要态度诚恳、语言婉转；多询问少解释，绝不能争论或辩护，要站在顾客的角度看问题。同时，也要把握好处理原则，为顾客考虑，有了问题为客户解决，但不是企业的责任也不能因此给企业带来更大损失。处理客户投诉，不仅要找出症结所在，弥补客户需要，同时必须努力恢复客户的信赖。

从另一个角度来看，客户投诉是最好的商品情报，销售人员与其找出各种理由逃避，不如怀抱感激之情欣然前往处理。

【不生气的技术】

以和气对火气，是化解怒火、消除矛盾的灵丹妙药。

◎ 心境豁达宽容，就会更受欢迎

人有一分器量，便有一分气质；有一分气质，便多一分人缘；有一分人缘，必多一分事业。虽说器量是天生的，但也可以在后天学习、培养。我们阅读历史，多少名人圣贤，有时不赞其功业，而赞其器量。所以器量对人生的功名事业，至关重要！有器量的人在为人处世上的表现就是豁达大度。

豁达的人，常常是乐观的人。而所谓乐观，按照某位哲人的说法，就是乐观的人与悲观的人相比，仅仅是因为后者选择了悲观。

豁达的人在遇到困境时，除了本能地承认事实，摆脱自我纠缠之外，还有一种趋乐避害的思维习惯。这种趋乐避害，不是为了功利，而是为了保持情绪与心境的明亮与稳定。这也恰似哲人所言："所谓幸福的人，是只记得自己一生中满足之处的人；而所谓不幸的人，是只记得与此相反的内容的人。"每个人的满足与不满足，并没有太多的区别差异，幸福与不幸福相差的程度，却相当巨大。

观察分析一个心胸豁达的人，你往往会发现，他的思维习惯中有一种自嘲的倾向。这种倾向，有时会显于外表，表现为以幽默的方式摆脱困境。自嘲是一种重要的思维方式。每个人都有许多无法避免的缺陷，这是一种必然。不够豁达的人，往往拒绝承认这种必然。为了满足这种心理，他们总是紧张地抵御着任何会使这些缺陷暴露出来的外来冲击，久之，心理便变得脆弱了。一个拥有自嘲能力的人，却可以免于此患。他能主动察觉自己的弱点，没有必要去尽力掩饰。从根本上来说，一个尴尬的局面之所以形成，只是因为它使我们感到尴尬。要摆脱尴尬，走出困境，正面的回避需要极大的努力，但自嘲却为豁达者提供了一条逃遁出去的轻而易举的途径——那些包围我的，本来就不是我的敌人。于是，尴尬或困境，就在概念上被消除了。

豁达也有程度的区别，有些人对容忍范围之内的事，会很豁达，但一旦超出某种限度，他就会突然改变，表现出完全相异的两种反应方式。最豁达的人，则具有一种游戏精神，将容忍限度扩大。

有这样一个故事：

一个身经百战、出生入死、从未有畏惧之心的老将军，解甲归田后，以收藏古董为乐。一天，他在把玩最心爱的一件古瓶时，不小心差点脱手，吓出一身冷汗，他突然若有所悟：“为什么当年我出生入死，从无畏惧，现在却会吓出一身冷汗？”片刻后，他悟通了——因为我迷恋它，才会有患得患失之心，破了这种迷恋，就没有东西能伤害我了，遂将古瓶掷碎于地。

豁达者的精神，即是如此。既然他把一切视为一种游戏，尽管他同样会满怀热情，尽心尽力地去投入，但他真正欣赏的，只是做这件事的过程，而不是目的——游戏的乐趣在于过程之中。那么，他也就解除了得失之心的困扰。

美国总统林肯在组织内阁时，所选任的阁员各有不同的个性：有勇于任事、屡建功勋的军人史坦顿，有严厉的西华德，有冷静善思的蔡斯，有坚定不移的卡梅隆，但林肯却能使各个性格绝对不同的阁员互相合作。正因为林肯有宽宏的度量，能舍己从人，乐于与人为善。尤其是史坦顿，那种倔强的态度，如是常人，几乎不能容忍，唯有林肯过人的心胸，使得他驾驭阁员指挥自如，使每个阁员都能为国效忠。

成功的上司总是豁达大度，绝不会因下属的礼貌不周或偶有冒犯而滥用权威。所以作为上司，应该有宽恕下属的大度，这样才更能赢得下属的拥戴。

有一次，柏林空军军官俱乐部举行盛宴招待有名的空战英雄乌戴特将军，一名年轻士兵被派去替将军斟酒。由于过于紧张，士兵竟将酒淋到将军那光秃秃的头上去了。周围的人顿时都怔住了，那闯祸的士兵则僵直地立正，准备接受将军的责罚。但是，将军没有拍案大怒，他用餐巾抹了抹头，不仅宽恕了士兵，还幽默地说："老弟，你以为这种疗法有效吗？"这样，全场的紧张气氛都被一扫而光。

据说一位店主的年轻帮工总是迟到，并且每次都以手表出了毛病作为理由。于是那位店主对他说："恐怕你得换一块手表了，否则我将换一位帮工。"这话软中带硬，既保住了对方的面子，又严厉地指出了对方的过失，这样比较易于让对方接受。

作为一个领导者，必须有大度的心胸。在我们的下属中，可能有各种各样性格的人，各人的处世方式、工作能力都不相同，这就需要我们有宽宏的心胸。

【不生气的技术】

宽容就像清凉的甘露，浇灌了干涸的心灵；宽容就像温暖的壁炉，温暖了冰冷麻木的心；宽容就像不熄的火把，点燃了冰山下将要熄灭的火种；宽容就像一只魔笛，把沉睡在黑暗中的人叫醒。

◎ 何必太逞强，示人以弱更主动

“弓过盈则弯，刀过刚则断”，做人不要太刚，过刚易折，柔弱胜刚强。太刚容易让亲近自己的人受伤，光芒夺目的太阳周围是没有星星在闪烁的。

马超是为人过刚的典型例子。作为三国中的骁将，他联合韩遂一起对曹操发动进攻，而且节节胜利。而曹操则利用马超过刚的弱点，用反间计来离间马超对韩遂的信任，他听不进别人的劝告，却听信了谗言，逼迫韩遂投降了曹操，使马超的军队大败。后来马超又被杨阜算计，被屠了宗族。这都和马超为人过刚有很大关系。

如果一个人过分地沉浸在自己的世界里，过分地相信自己，过分地坚持自己做人的原则，不懂得示弱，自然也会伤害到周围的人。

明成祖朱棣攻破南京后，让方孝孺为他起草登基诏书，方孝孺不愿意。朱棣十分愤怒，对方孝孺说：“难道你不怕我诛杀你九族吗？”方孝孺回答说：“你诛杀我十族我都不怕！”于是朱棣真的把方孝孺的朋友、师生算作第十族一并诛杀。方孝孺示强的回答很硬气，但是他的那些亲朋好友及学生却实在是死得太冤枉。

示人以弱也就是把自己比较强的一面暂时隐藏起来，而向别人展示自己比较弱的一面，给别人一个不太强大的感觉！这里的“弱”，并不是展示自身实力的“弱小”，而是对待事物的一种态度，一种谦和的、柔中带刚的处世原则；示弱是为了便于双方沟通、争取对方理解、避免矛盾升级，最终的目的是确保相关问题得到顺利解决。

刘邦就是一位很会示弱的人物，但这并不影响他最后成了汉朝的创立者；而项羽英雄盖世，处处逞强，却最后成了垓下之鬼。两种不同的处世方法所带来的不同命运，很值得后人深思。

楚汉相争之前，项羽与刘邦说好了先入关者为王，但项羽遇上秦军主力，战争异常激烈；而刘邦却一路顺畅，只遇上秦兵的些许抵抗，所以得以先入关。

可是项羽哪里肯做这种吃亏上当的事，明明是自己破釜沉舟歼灭了秦军主力，到头来却被一个无赖做了王者，岂不叫天下人耻笑，加上项羽的谋士范增又火上浇油，说："刘邦在山东时，贪财好色，如今进了关中，却变成了另一个人，既不收取财物，又不亲近女色。由此可见，他的野心不小啊！"

因为刘邦经常自诩头上有天子气，范增又添油加醋地挑起项羽的怒火："我仔细观望了云气，只见刘邦头顶上五彩缤纷，显现出盘龙卧虎的形势，这可是天子的征兆。"

这一说，把项羽气得火冒三丈，下定决心要将刘邦除掉。

当时，项羽的兵马40万，驻扎在鸿门；刘邦的兵马只有10万，驻扎在灞上。双方相隔只有40里地，兵力悬殊，力斗的话，刘邦肯定不是项羽的对手。

这时刘邦的谋士张良献计说："项羽是一个吃软不吃硬的

人，你要向项羽道歉，并装作很服从他的样子，这样才能平息他的怒火。平息了他的怒火，他就不会杀你了。”

刘邦想了一想，没有其他的办法，只能如此。

刘邦挑个日子，带了一百多个随从，到了鸿门去拜见项羽。刘邦一见项羽，满脸堆着谄媚的笑说：“我跟将军同心协力攻打秦国，将军在河北，我在河南。我自己也没有想到能够先入关。今天在这儿和将军相见，真是件令人高兴的事。哪儿知道有人在您面前挑拨，叫您生了气，这实在是太不幸了。”

项羽见刘邦低声下气的样子，满肚子气消了不少。刘邦见项羽心软了，才大大松了口气。后来刘邦巧妙地设计逃离了这个是非之地。刘邦的这一示弱，为他日后的称霸天下奠定了基础。

楚汉之争这段恢宏的历史虽已成了过眼烟云，但它留给后人的意义和教训却发人深省。刘邦遇强则避，适时示弱，却最终开创了四百年的基业，成为中国历史上汉朝盛世的开山之人。而楚霸王项羽虽然英勇盖世，却放不下自己的架子，不肯过江东以图东山再起，为后人所惋惜和感叹。

从楚汉相争看来，世界上没有绝对的强者，也没有绝对的弱者。项羽处处逞强，最终难以坐得天下；刘邦懂得适时示弱，因而在秦末乱世最终胜出，一统四海。我们由此可以推出，那些所谓的“弱者”是在不该当“老子”时绝对不逞英雄气概，但一旦得势就会抓住机遇、把握方向，一举强攻以获得成功。这就是谁笑到最后才笑得最好的道理。

当别人的“老子”当然好，可以指手画脚，可以高高在上，但不是什么时候都能当“老子”的，很多时候人难免会失意，这就要有点心计，先当“孙子”，以求日后卷土重来，东山再起。

什么是真正的强者？或者说有没有一种被人公认的强者准则？人们对此众说纷纭，一种人认为强者即力量的强大者，权力处在巅峰，占据老大的位置；另一种人认为世上并无永恒的强者，强弱是相对的，一个人在某方面的强大或许正掩盖了其在其他方面的弱点。正因为如此，很少有人能在第一把交椅上永远坐下去。

【不生气的技术】

强者不会永远强大，弱者也不会永远弱小，强弱在一定条件下是可以相互转化的，当你还不是强者时应该示弱，该当“孙子”时就当“孙子”，千万不要强出头当“老子”。

◎ 感谢伤害你的人，是他让你变得优秀

无论是谁的一生，不可能事事都一帆风顺，总会遇到这样那样的难处、挫折，不管是源自外界的，还是源自内在的。特别是朝着前方行进、朝着高处攀登的人生之路上，总会无法避免地因威胁到别人的利益而遭到对方的攻击与伤害。

伤害，让身心疼痛，有时甚至会让人丧失性命。然而，不管经历过怎样的煎熬、怎样的伤害，只要你挺过来了，你就会享有一笔宝贵的人生财富。更重要的是，你的心志因此得到了磨炼，你明白了何谓坚强。所以，让我们尝试着感谢那些曾经伤害过自己的人吧！我们除了要爱对自己好的人，更要爱伤害过自己的人。被伤害固然让人痛苦，但这种人生经历会让我们变得坚强起来。从这种意义上说，伤害是一种别样的爱！

毋庸置疑，那些伤害我们的人，会让我们走一些曲折的人生小路。然而，也正是这种弯路，让我们学会了如何在恶劣的处境中迎风而立，傲然不倒。在这个过程中，我们不仅磨炼了人格，还在思考与感悟中将心灵空间进一步拓展。

我们将会在别人的伤害中受益：被伪君子伤害，我们会明白真诚的难得；被轻浮放荡者伤害，我们会明白肤浅的可恶，知道端庄的可贵；被没有爱心、缺乏情趣者伤害，我们会明白真情的宝贵；被阴险小人伤害，我们会领略到小丑的伎俩，进而增强为人处世的本领。总之，别人的各式各样的伤害，会让我们“吃一堑，长一智”，更成熟地在社会上行走。

提起中国民办教育家，人们都会想到新东方教育科技集团CEO俞敏洪。《时代周刊》称俞敏洪是一个“偶像级的，就像小熊维尼或米奇之于迪斯尼”式的人物，其主要原因是：俞敏洪拥有“留学教父”“中国最富有的老师”等多个头衔，他创办的“新东方”是中国目前最大的英语培训机构，中国70%的留学生都出自这里，很多国际金融机构里都有他的学生。

新东方的事业，确切地说，是被“踹”出来的。多年后，俞敏洪谈起新东方的起源，对“踹”了他一脚的北京大学充满感激。

“北大是我最喜欢的地方，北大改变了我的命运。如果我没有经历在北大的挫折和自卑，我今天就不会有这么稳定的自信状态。如果不是北大的文化氛围，也没有我今天的这种理念，也不会成功创建新东方。所以，走过了风风雨雨，北大对我来说意味着我的精神生命，非常重要。”

1990年秋天的一个傍晚，俞敏洪正在宿舍里和朋友一起喝酒，这时，学校的高音喇叭开始广播一条针对某位英语系老师的处分，理由是该名老师打着学校的名义私自办学，影响了学校教学秩序。这是北大建校以来第一次公开点名批评学校老师，仔细一听，这名被处分的老师竟然是俞敏洪。

20世纪90年代，正是出国留学潮最热的时候，俞敏洪周遭的同事、昔日的好友都出国留学去了。俞敏洪也想出国，可是出国需要一大笔费用，虽然美国的一所大学已经答应给他提供3/4的奖学金，但这也意味着他必须自己筹备剩余的1/4的学费，这可是相当于4万多元人民币，按照他当时120元的月薪来计算，不吃不喝都要10年才能攒足。俞敏洪不得不另想他法。由于他本人也经历过TOFFL（托福）考试，深知社会上TOFFL英语培训这块市场需求大，于是他想出了一个办法，就是在学校外办TOFFL班，赚取出国所需的费用。

在留学潮最热的那几年，很多高校的老师都在学校外兼课，或者办补习班，这种情形在当时相当普遍，自然引起了校方和社会上一些人士的极度反感。北大对俞敏洪的处分，是出于一种“杀鸡儆猴”的目的，不可谓不重，除了高音喇叭通报批评外，还在北大有线电视连播了好几天，同时处分布告也贴到了北大著名的“三角地”宣传栏里。北大对俞敏洪的这一“踹”，将俞敏洪作为一个知识分子的颜面毫不留情地击碎在地。

事实上，北大曾有这样一条规定：对老师的处分不对外公开。因为考虑到老师要给学生上课，要树立起师道尊严。但是，到了俞敏洪这里却顾不上这点，可见北大对学校老师在校外兼职办班是多么敏感和反感，以至于不惜牺牲掉一个老师的面子，甚至是他的教学生命。

对于俞敏洪来说，在这次处分前，他一直是名普通老师，而这次他终于在北大校园一举成名，靠的却是这种方式。事隔多年，俞敏洪再提到这段被“踹”的往事时，语气中仍然充满着苦涩意味，可以想象当时当地，他心中那股不能倾诉不能宣泄的怨气有多深重。

16年后又一个秋天，新东方在世界上最大的证券交易市场——美国纽约证券交易所上市，俞敏洪的身价大增，成为华尔街新宠，有评论界人士将这次出名与16年前那一场出名相比，说他是从一种黑色的出名走向了一种光明正大的出名，说他作为一个商人、一个企业家的价值其实是从他走出北大校门办英语培训班开始得以展现的。

人们无从知道这些赞誉在俞敏洪的心里搅起了什么样的浪

花。但是有一点可以肯定，已经成为“中国最富有的老师”的俞敏洪其实并不关心他财富的增或减，他甚至并不关心每天的股值的长落，而10多年前的那场“处分风波”也时过境迁，在他的心中碾磨出了另外一份不同的感悟。

“北大‘踹’了我一脚。当时我充满了怨恨，现在则充满了感激。因为如果一直混下去，我现在可能只是北大英语系的一个副教授。”

在回顾新东方创办历程时，俞敏洪也将北大对自己的影响归结为新东方之所以能获得成功的重要原因之一。

“我（在北大）学到的东西要比英语多得多。而这些东西，不是从某个人和某个老师身上学到的，而是在北大的氛围里面能够感染到、感知到的。在北大的6年教书训练，使我锻炼出了自己的教学模式和教学理念，养成了我跟学生良好的交流习惯，使我懂得了中国大学生到底在想什么。这也是新东方成功的保证。

“我对北大的感情是非常深刻的，坦率地说，没有北大就没有新东方，原因是现在新东方的一些精神，或者是一些做事的方法，坦率地讲是融入了北大的精神的。”

或许，俞敏洪之所以能够坦然地面对当年的“处分风波”，是因为他终于明白，生命中的每件事或人，都可能给我们一个清理能量、演进自己、向更高更远处提升的机会。如果不是因为北大的处分，俞敏洪也不可能愤而辞职，不可能将错就错，创办起一个对中国学生乃至中国教育影响深远的新东方学校。

罗曼·罗兰所说："只有把抱怨别人和环境的心情，化为上进的力量，才是成功的保证。"你只有感谢曾经折磨过自己的人或事，才能体会出那实际上短暂而有风险的生命的意义；你只有懂得宽容自己不可能宽容的人，才能看见自己心中的远阔，才能重新认识自己……

在人生的若干节点上，我们需要被人狠狠地踹一脚。踹一脚的人，常常是恶人。王育琨曾这样说，哪里有什么积累，一切都是逼出来的。当初中国要加入美国和俄罗斯的空间站，不给门票，只好自己来。人生也是如此，很多人都喜欢活在经验中，因为那里安逸舒适。没有经历过的东西，人们就恐惧，就躲避，就一事无成。

在实际生活中，我们不要畏惧伤害本身，也不要仇视伤害我们的恶人，而要感谢他们！正是他们，教我们懂得了什么是生活的真相；正是他们，从侧面教会了我们怎样走向成长；正是他们，让我们变得更加坚强，更加娴熟地为人处世。

【不生气的技术】

遭受的每一个来自别人的伤害，实际上也是一种品格乃至心志的磨炼。从这种意义上说，每个伤害过我们的人，都是我们生命中的贵人。所以，我们要感谢那些曾经伤害过我们的人！正因为那些伤及身心的疼痛，使我们变得坚强起来，并学会笑对生活中的每一场折磨，然后，走向优秀和卓越。

◎ 从屈辱中走出来，踏上成功的道路

提起屈辱，是每一个人都不想遇到的，但是看那些成大事者，却往往都是从屈辱中走过来的。这里，我们并不是在宣扬羞辱的经历是一个人成功的元素，我们要说的是，如果你不幸遭遇到了屈辱的事情，那么不要觉得难堪，不要觉得抬不起头，事实上，要乐观地面对人生：羞辱可以锻炼韧性，可以成就强者。

忍辱负重，从而完成《史记》的司马迁就是一个值得后人敬重的英雄。司马迁的父亲在临死之前嘱咐其子一定要替他完成这项使命。不过当司马迁全身心地撰写史记之时，却遭受了巨大的磨难。天汉二年，武帝派李陵随从李广押运辎重。结果李广遇难，李陵被俘。消息传到长安后，武帝听说自己的战将投降，非常生气。满朝文武都顺从武帝的想法，纷纷指责李陵的罪过。而司马迁直言进谏，说李陵寡不敌众，没有救兵，责任不全在李陵身上，极力为其辩护。然而他的直言不讳，引起了龙颜大怒。司马迁因此被打入大牢。

司马迁被关进监狱以后，遭受酷吏的严刑拷打。面对各种肉体和精神上的残酷折磨，他始终不屈服，也不认罪。后来司马迁被判以腐刑。当时，这种腐刑既残酷地摧残人体和精神，也极大地侮辱人格。

当时的司马迁甚至想到了一死，不过后来他想到了父亲遗留给他的使命，想到了孔子、左丘明、孙膑等人，他们所受的

屈辱，他们顽强的毅力，还有他们在历史上所留下的成绩都大大鼓舞了司马迁。他立誓无论发生什么样的屈辱，也要把《史记》完成。

征和二年，司马迁终于完成了基本的编撰工作。这期间，他忍受着身体和精神上的巨大折磨，但这些都没有把他打倒。他用他的生命谱写的不仅仅是一本旷世的历史著作，更是人类史上一首永存的生命赞歌。

人在遭受了屈辱后，一般都会有两种选择：有的人承受不起这样的折磨，从此悲观厌世、意志消沉，最终身体的屈辱导致了精神的萎靡，从此一蹶不振；有的人即使身体遭受了巨大的折磨，但是内心的火花不灭，他们有着顽强的意志和斗争力，终于赢得了人生的荣耀。

正确地看待屈辱，把它当成一种激励人向前的动力，能做到这点的人才是真正的智者。有一次，戏剧家曹禺邀请他的朋友阿瑟·米勒来家中做客。闲聊中，阿瑟·米勒暗示道：像您这样的老作家，肯定是被包围在一片荣耀和吹捧中的吧。曹禺笑了笑，从书架上拿来一本装帧讲究的册子，上面裱着的是画家黄永玉写给他的一封信，上面写道："我不喜欢你解放后的戏，一个也不喜欢。你的心不在戏剧里，你失去了伟大的通灵宝玉，你为地位所误！命题不巩固、不缜密，演绎分析也不够透彻，过去数不尽的精妙休止符、节拍、冷热快慢的安排，那一箩筐的隽语都消失了……"信中对曹禺的批评字字严厉，甚至有明显羞辱的味道。阿瑟·米勒非常不解，如此一封使自己难堪的信，为何还精心地装帧在精美的册子里呢？曹禺解释道，正是这封信在不断地鞭策着他前进，每当他觉得懒散时，他都来阅读一下，进而激励自己继续向前。

生活中不断会有大大小小的委屈发生着，关键是看你处理它们的态度。如果你因为老板一句羞辱你的话而辞职不干，那么你就永远没有机会向他展示你强大的一面。记住这些屈辱，但是不要被它们缠住。有人因为屈辱而自暴自弃，有人因为屈辱而发愤图强，这就是真正的弱者和强者的差别。

悲观者把屈辱当成打击，乐观者把屈辱当成激励，两种不同的人生态度导致了不同的人生结局。尝试着对那些屈辱笑一笑吧，把它们带来的郁闷转化成强大的动力，当作刺激我们前进的马达。或许正是这些屈辱，让我们更早知道了自己的短处。

【不生气的技术】

人生的路上如果总是鲜花和掌声，反而会蒙蔽我们的心灵，遮住我们的眼睛。感谢那些适时飞来的“臭鸡蛋”吧，或许正是它们把我们及时砸醒。

◎ 生活如此不公平，你要内心强大

生活中常有不公平的事情出现，努力了、付出了，反而没有得到回报的事情也不仅只出现在你的身上。由于地球是圆的，总有一些人站在圆的切线点上比你早几分钟看到太阳。人生的事情，很难做到公平，有些人生下来或许就含着“金钥匙”，而有些人或许生下来身体就不完整，这些都是我们先天无法掌握的，只能接受。

面对着这些所谓的不平，平庸之辈只会埋怨，而不以实际行动去改善，结果差距越来越大；智者则会坦然地接受它们，积极地用后天的努力去改变这种不平，赢得了自己的人生，也赢得了更多的敬佩。

斯蒂芬·威廉·霍金——“黑洞”理论和“量子”学说的创始人，对于他而言，命运是很不公平的。他天生就是一位中枢神经残废者，由于肌肉严重衰退，从而失去了行动能力，手不能写字，话也讲不清楚，终生要靠轮椅生活。但是他并没有对这些身体的残废而怨天尤人、斤斤计较，也没有因为身体的局限而停止人生的探索。相反，斯蒂芬·威廉·霍金曾先后毕业于牛津大学和剑桥大学三一学院，并获剑桥大学哲学博士学位。

由于身体行动不便，他只能用一个小书架和一块小黑板完成他的研究过程。在他的研究过程中，他无数次克服了常人无法想象的困难，最终在天文学的尖端领域——黑洞爆炸理论的研究中，通过对“黑洞”临界线特异性的分析，获得了震惊天文界的重大成就，为此荣获了1980年度的爱因斯坦奖金。

然而，这位失去了行动能力的科学家在1985年病情恶化，连语言能力也被剥夺了。这时候的他依然没有把时间放在埋怨命运上，他利用一台电脑声音合成器来间接表达他的思想，争分夺秒地在他有限的生命中创造奇迹。他用仅能活动的几个手指操纵一个特制的鼠标在电脑屏幕上选择字母、单词来造句，然后通过电脑播放声音。有时候，为了合成一个小时的录音演讲要准备10天。身体如此不便，却丝毫没有减慢他研究的速度，他在统一20世纪物理学的两大基础理论——爱因斯坦的相对论和普朗克的量子论方面走出了重要一步。如今他已经被称为在世的最伟大的科学家，当今的“爱因斯坦”。这种殊荣，斯蒂芬·威廉·霍金当之无愧。

宠辱不惊，看庭前花开花落；去留无意，望天空云卷云舒。从这副对联中，我们可以深刻地体会到一位智者的人生态度。

生命和生活有时候并不如我们想象中美好，它们对于我们每一个人的待遇都有所偏心，有的人确实生于荣华，处于丰顺；有的人或许就没有那么多天生的优势。不过相信上帝在为你关上一扇窗的同时，肯定为你打开了另一扇窗。看淡这些不平，才能潜心去做正经的事情。我们的心和胸怀就那么大，如果装满了埋怨和愤愤不平，又怎么能有心思去探索自己的梦想呢?

生活的真谛是淡然。面对人生的不公，不可强求，安心做好自己的事情就够了。生活就是如此，它给了你什么你是无法改变的，不如坦然地接受，利用它赋予你的东西去实现自己的人生价值。看淡生活的不平，便是懂得如何生活。懂得生活的人，不仅仅是成功的人，也是智慧的人。没有什么可以完全按没有人天生的性格暴躁，那只是人们后天创造出来的……

着你的意愿去发展变化，有时候付出了、努力了反而没有回报的事情并不代表它们白白付出，相信它们肯定会以其他形式，在其他方面补偿你的。付出和回报有时候展现出的不平衡，只是暂时现象，需要从长远的角度来看。然而有的人偏偏不懂这一点，他们不把精力放在奋斗上，放在探索人生上，反而苦苦追寻着平衡，换来的不过是劳累罢了。真正的愚蠢便是这样不懂生活，只会怨天尤人。

【不生气的技术】

面对生活中不公平的人和事，不要过分强求。生活本是如此，只要学会生活，懂得生活，就会看淡生活中的不平事。

★不失控的心理课：微笑的4种技巧

世上多一分微笑，人间少一分争吵；脸上多一分微笑，心头少一分烦恼；家庭多一分微笑，生活多一分美妙；夫妻多一分微笑，恩爱多一分情调；服务多一分微笑，财源多一条渠道；微笑，无穷的给予，微笑，处世的法宝。

在社会交往中，人的微笑有一种天然的吸引力，能使人相悦、相亲、相近，能有效地缩短双方的心理距离，营造融洽的交往氛围；与人初次见面，友好微笑，可以消除双方的拘束感；与朋友见面打招呼，点头微笑，显得和谐融洽；洽谈达成协议，会心一笑，能消除芥蒂，增进友情；婉拒他人，淡雅一笑，近情近理，不让对方难堪；与亲友话别，倾心一笑，情谊浓浓，意味深长。可以说，微笑是成功社交的催化剂。

1.微笑是一种礼节

人们的交往一般是从微笑开始的。“面带三分笑，礼数已先到”。微笑是善意的标志、友好的使者、礼貌的表示。在人际交往中，微笑是送给他人的最好礼物。无论是熟人相见还是萍水相逢，只要慷慨大方地把微笑适时适度地奉献给对方，对方就会感受到你待之以礼的盛情和美意。微笑在各种人际交往中，是不可缺少的对人表示尊敬、友善、欢迎和赞赏的表情语言，是不要翻译的“世界通用语”。因而可以说，微笑是礼仪的基石，也是一个男人礼仪修养的展现。

2.微笑能美化自我形象

有一位哲人说过：微笑是一个人最美的神态，长得再丑的人，只要一露出真诚的笑容，就会一下子漂亮起来。微笑作为一种表情，它不仅是外在形象的表现，也往往反映着人的内在精神状态，有着丰富的内涵。微笑是心理健康的标志，因为只有心境愉快、开朗坦荡、心地善良的人，才会笑口常开，对人发出真诚的微笑。微笑是自信的象征，一个奋发进取、乐观向上的人，一个对本职工作充满热情的人，总是微笑着面对生活，面对社会，始终充满自信的力量。

3.微笑能消除误解和隔阂

微笑的魅力，还在于它能拨动对方的心弦，架起友谊的桥梁，就像一双温柔的手臂，伸展它能驱散阴云，消除误解、疑虑和隔阂。“度尽劫波兄弟在，相逢一笑泯恩仇”（鲁迅《题三义塔》）。正所谓眼前一笑皆知己，举座全无碍目人。

4.微笑表情的规范要求

高占祥《微笑》一诗写道：

高山喜爱青松，大海喜爱波涛，鸟儿喜爱蓝天，人间喜爱微笑。

然而，我们需要的是——纯洁的微笑、温柔的微笑、和善的微笑、真诚的微笑。

我鄙视那种——装腔作势的假笑、冷漠轻浮的阴笑、得意忘形的狂笑、低俗的皮笑肉不笑。

我厌恶那种——幸灾乐祸的讥笑、放荡不羁的浪笑、狐假虎威的淫笑、笑里藏刀的奸笑。消除这些笑的垃圾，才能露出纯净的微笑。

作为礼节的微笑，自有其动作要领：一要额肌收缩，眉位提高，眼轮匝肌放松；二要两侧颊肌和颧肌收缩，肌肉稍隆起；三要面两侧笑肌收缩，并略向下拉伸，口轮匝肌放松；四要嘴角含笑并微微上提，嘴唇似闭非闭，以不露齿或仅露不到半牙为宜。

据心理学家研究，笑有180种。即使是微笑也因人而异，夫子是“莞尔而笑”，美人是“嫣然一笑”，杨玉环则是“回眸一笑”。不同的人，因气质、修养不同，微笑时的神情也不一样。

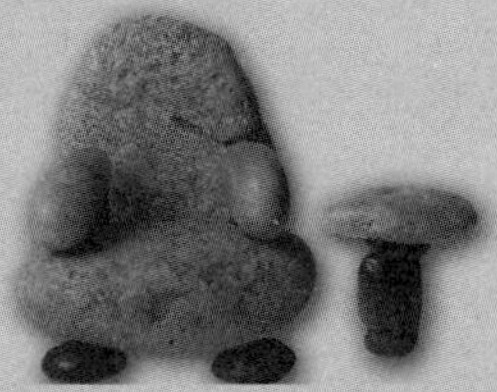

CHAPTER 4

处世不必太计较

没有什么事情过不去

人生没有什么事情是值得大惊小怪的，更没有什么事情值得斤斤计较。很多时候，人生就好比一道枷锁，倘若计较太多，那么这道枷锁就会越来越重，心中的烦恼也会丛生。一旦挣脱开了，轻松顺畅感会油然而生，进而感到快乐与幸福。

幸福就在一念之间。我们懂得不抱怨，懂得无贪欲，懂得淡泊生活，懂得知足常乐，懂得乐观，懂得宽容，懂得忍耐，懂得糊涂与吃亏的智慧，懂得感恩，懂得放下，懂得珍惜……就会发现幸福在身边。只要调整好心态，放下计较之心，理性而豁达地面对一切，那么，就没有什么事情过不去。

◎ 当你不计较时，烦恼便开始远离你

在人的一生中，计较就好比是生活的绊脚石。假如一个人为了获得当前相对舒服安逸的生活，总是习惯于千般牢骚、万般计较，就容易付出让幸福走远的代价。很多时候，正是一些习惯性的小计较，给人生酿成了难以弥补的大遗憾。

当你开始计较，你便开始烦恼。当你不计较时，烦恼便开始远离你。

计较之于烦恼，就好比磁石之于铁屑。换言之，计较堪称是一块吸引烦恼的磁石。如果你对事情过于计较，烦恼自然是不可避免的。

赵俪和张珊曾经是一对亲密无间的好朋友。现在，她们居然行同陌路了。之所以出现这种憾事，关键在于彼此之间的计较。赵俪计较张珊没心没肺，张珊计较赵俪唠唠叨叨。最终二人的友谊之绳，就这样因为彼此之间无休止的计较而扭断了。她们两个人都为了这件事而闹得不开心。其实，仔细想想，这又何必呢?

一个人越是计较，烦恼越多；烦恼越多，牵绊越多。计较他人应该如何待我，就是自寻烦恼；计较他人应该如何如何，才是心灵受伤并缺少笑容的主要原因之一。

在一个偏远的小村落中，因为往昔曾发生过一些令人不快

的事情，所以这里的居民相处的融洽度极低。人与人之间根本谈不上互帮互助，几乎每家每户的处事原则都是“各人自扫门前雪，莫管他人瓦上霜”。他们在街上碰面后也不打招呼，而且还经常为一些鸡毛蒜皮的小事吵得不可开交，导致整个村落终日处于鸡犬不宁的状态中。

在新上任的村长看来，这种“冰火难容”“气冲冲”的风气如果持续下去，对下一代的人格成长乃至整个村落的长远发展都极为不利。于是，村长迫切地想要将目前的这种窘境加以改善。经过一段时间的冥思苦想与努力，他找到一位异乡人前来帮忙。

这天，村长召集村民们到村落中央的空地上开大会，向村民们介绍异乡人：“他是一位会变魔术的技师，而且有着精湛的技艺。”村长话音刚落，只听异乡人拿起一颗石头对村民们说：“这颗石头魔力无边。何出此言呢？因为凡是用它炒出来的菜，就会是天底下最可口的一道菜。要是有谁觉得我在吹牛，我可以当场示范给这个人看看！”

村民们听完异乡人的话后，忍不住交头接耳、议论起来。过了一阵子，有的村民就把自家的大锅搬到现场，有的村民搬来了自家的大火炉，有的村民则心甘情愿地提供炭火，也有的村民兴致勃勃地开始忙活着生火……总之，整个村落的人都围着村落中央的空地，耐心等待异乡人开始表演。

异乡人先是煞有介事地在大锅中倒了一些花生油，并将自己准备的一把青菜放入锅里，同所谓的魔法石一并翻炒。稍过片刻，便用一种遗憾的口吻对村民们说：“这么一点点青菜，哪里够这么多人品尝呢？假如能够再多炒一点菜，那么在场的人就都可以品尝到了。”

于是，村民们纷纷跑回家，拿青菜过来。异乡人将这些青菜也放入锅中翻炒。估摸着火候差不多的时候，异乡人自己先试吃了一口，随后手舞足蹈地大声说：“简直是人间美味！假如可以再加一点盐，或是一点肉丝，味道就更是好极啦！”

众人听后口水直流，盐、肉和其他的调味品也很快传到了异乡人的手上。没过多长时间，异乡人所用的大锅中就已经放满了佳肴。这盘菜刚炒好端上餐桌，就被众人你一口、我一口，吃了个盘底朝天。村民们发现，这果真是天底下最好吃的一道菜！于是，个个欢呼雀跃，脸上纷纷露出了久违的笑容！村长见状，也是满心欢喜。

聪明的你，肯定已经识透了异乡人的魔术秘密吧。

事实上，这颗魔法石并没有什么特别的威力，因为真正起作用的是村民们不计前嫌、乐意互帮互助的态度。你拿出一点盐，我献出一点肉，有道是“众人拾柴火焰高”，大家团结协作而炒出来的菜，成为天底下最好吃的一道菜，自然在意料之中。

“浮生若梦，世事无常”。今日尚围桌共餐的两个人，明日可能就要各奔东西，何必计较太多呢。如果能抛开隔阂，敞开心扉，珍惜与他人相处的分分秒秒，你就会懂得，山珍海味并非是天底下最美味的佳肴，人情的滋味才是令人回味无穷的绝妙大餐。

一个人计较得越多，并不意味着他得到的就会越多。如果整日计较自己拥有得“够不够多”，是极容易将自己心中真实需要的那份快乐忽略的，进而变得郁郁寡欢、满脸愁容。只要我们将这个心结解开，生活得更轻松、更快乐、更幸福，其实并不是一件困难的事情。

事实上，但凡生活中的智者都懂得四个字：“有所不为”。他们所计较的只是对自己最重要的事物，而且还明白什么年龄应该计较什么，不应该计较什么，有取有舍，收放自如。

【不生气的技术】

烦恼皆因计较太多。学会不计较，则是通往快乐与幸福的捷径，是开启愉悦开心之门的钥匙。当然，这里的“不计较”，不是不讲原则，对于大是大非问题自然当计较就计较，还要非常计较，而对于日常生活中无关原则的生活、工作内容，则普遍适用。

◎ 心态乐观，就没有治愈不了的伤痛

生活中，总是有人整日闷闷不乐，并不是因为生活真的有那么多不如意，而是在于自己是否用喜乐之心感受生活中幸福

的成分，是否将视点聚焦于生活中的精彩之处。

刘女士整日茶饭不思，彻夜失眠，身体消瘦得厉害，但各种检查显示身体一切正常，没有患任何疾病的迹象。于是，她去拜访一位心理医生。心理医生问她是不是心中觉得特别痛苦？刘女士像遇到知音一样，开始向心理医生倾诉自己的各种苦恼。比如对门的邻居见面没主动和她打招呼，楼上的住户每天晚上总是会制造出一些噪音，自己居住的小区治安很差，一个本来关系很好的同事竟然背地里骂自己，领导答应给自己加薪，但好几个月过去了也没动静……如此种种，她认为生活很没意思，处处都不称心如意。

等刘女士说完，心理医生问："你老公对你感情如何？"刘女士脸上露出笑容，说："啊，他非常疼爱我，我们结婚10年了，他从来没有对我大声嚷嚷过。"心理医生微笑着点点头，又问："那你们有小孩吗？"刘女士双眼闪出光彩，喜悦地说："我有一个儿子，6岁了，聪明活泼，非常懂事。"然后，心理医生又问了刘女士其他一些问题。

最后，心理医生将写满字的两张纸放到刘女士面前。一张写着她的苦恼事，一张写着她的喜乐事。心理医生对她说："这两张纸就是治病的药方，你将大部分精力用来计较苦恼事，却忽视了身边的快乐。"

西方有句名言："生活中从来不缺少美，而是缺乏发现美的眼睛。"同样，生活中并不缺少幸福，而是缺少发现幸福的眼睛。你想发现生活中的美和快乐吗？那么就用心感受生活吧，淡化不如意，强化快乐，你会发现生活原来如此精彩，你的心情也会像阳光般灿烂。

所以，与其每日被这样或那样零碎的突发事件搞得神经紧张，情绪失落，不如平静下来，调整心态，将失意寄存，与好心情有个约会。

影星吉尼威尔德在《监狱风云》中饰演了一个名为亨利的男子。在剧中，亨利笑口常开，风趣幽默，但有一天，却被误判入狱，所有狱官都看他不顺眼，时不时地找他麻烦。

有一次，狱官用手铐将他吊起来。几天之后，他居然还能满脸微笑地对狱官说："谢谢你们治好了我的背痛。"狱官又将亨利关进一个因日晒而温度极高的锡箱里。当他们放亨利出来时，亨利竟然请求说："啊，拜托你们再让我待一天，我正开始觉得有趣呢！"

最后，狱官将他和一位重300磅的杀人犯古斯博士一起关进一间小密室。古斯博士在狱中恶名远扬，就连最凶恶的犯人也像躲瘟神一样对他避而远之。因此，当狱官们打开密室的门，看见古斯博士和亨利坐在一起高兴地玩牌时，都大吃一惊。

其实，世间许多事情本身并无所谓好坏，全在于你用什么心态去看。亨利做的只不过是在喜乐与悲伤之间，选择了以喜乐去面对世事，所以，没有人能以任何方式夺走他的喜乐。

村子里住着一位智者。一天，有个满面愁容的女人来到智者家中，向智者哭诉说："我住的小平房本来面积就不大，老公、两个孩子和我已经有4个人了，可现在公婆又搬来和我们一起生活，我这日子过得太不如意了！6个人挤在一间小平房里，很是不方便啊！”

智者听完沉思片刻，问道：“你家养牛了吗？”

女人回答说：“养啊，但这跟小房子联系大吗？”

智者说道：“你把一头牛拉到小房子里养，一星期后再来找我吧。”

过了一个星期，女人找到智者。她一进门就感叹说：“这算什么嘛，本来就拥挤不堪，你还让我牵头牛进去喂，牛一动，我们一大家子都要跟着动，更没办法生活了。”

智者笑了笑，又问道：“你家养鸡了吗？”

女人说：“养了，这跟我的处境有什么联系吗？”

智者说：“你回家后把鸡也赶到小平房中养，一个星期后再来找我吧。”

女人听完更加疑惑不解了。但她想智者怎么也是智者，比自己要强得多，勉强答应了。

过了一个星期，女人又找到智者。她还没进门就放大嗓门说：“你还是智者呢，搞得我家里鸡飞牛跳，哪里都是鸡毛牛粪，我们的日子是没法过了！”

智者一言不发，等她大喊大叫完了，平静地说：“回去把牛牵出屋子，一星期后来找我。”

女人听完觉得这智者真的没什么过人之处，但她还是听了智者的话。

过了一个星期，她又来找智者。智者问她：“这个礼拜过得感觉如何？”

女人回答说：“比之前好多了，自从把牛牵走以后，觉得家里宽敞多了。”

智者笑着说道：“关于你的困境，解决方案我想好了，你回去后将家里的鸡都赶出房间。”

女人回去后便照智者的话做了。

后来，她就快活地和她的孩子、老公、公公、婆婆生活在一起了。

环境并没有改善，生活却变得有滋有味。很多时候，我们之所以感到生活不堪，是因为我们的心态是不堪的。如果多关注生活中开心的事情，淡化悲伤的事情，那么就会过得很开心，就会发现每天都很有意义；如果总是关注不开心的事情，而忽视了开心的事情，那么我们的心就会布满阴云，久久挥之不去。

【不生气的技术】

我们用什么样的态度直面生活，我们的生活自然也会以同样的态度来对待我们。以喜乐的心去看待世事，很快你就会发现这种生活方式要远胜于悲观。然后，你就会知道，充满喜乐和爱的人生是谁都打不倒的。

◎ 姿态放低，没有过不去的沟和坎

有一句非常朴素但却蕴含着深刻哲理的话："成熟的稻谷才会弯腰。"成熟的稻谷之所以会弯腰，关键在于它经过默默的孕育已经结出了累累硕果。可惜的是，现实生活中有很多人却忽视了这个道理。

如果稍加观察，就会发现鹅毛大雪之后的雪松树枝由于厚重的积雪而压弯了腰，低垂下去。可能很多人会联想到"大雪压青松，青松挺且直"的诗句。大雪压青松也弯腰，岂不愧对先人的溢美之词？实际上，的确有大量枝条由于不能弯腰而被大雪压断了。雪松之所以在厚重的积雪压力之下将腰弯下去，为的是不令自己折断，为的是日后继续挺拔向上。

弓腰弯腰，才能射出更远的射程；稻秆直立，那是它还没有攥紧沉甸甸的谷粒。在人生的道路上，无论是谁，都要学会适时弯腰。弯腰并不是软弱的代名词，而是一种韧劲、一种弹性，是生命的一种更深刻的睿智。

孟买佛学院是印度最著名的佛学院之一，这所佛学院之所以闻名遐迩，除了它建院历史悠久、雄伟的建筑和培养出了大量知名学者外，还有一个其他佛学院所没有的特色之处。这是一个非常微小的细节，不过，所有出入过该地的人，当他再出来的时候，基本上都发自肺腑地承认，恰恰是这个细节让他们顿悟，让他们获益颇深。

这是一个非常简单的细节，不过人们并没留心：这所学院在正门一旁，开了一个小门，小门只有150厘米高，40厘米宽，成年人要想出入需要将腰身侧弯，否则就只能碰壁。一切初入佛学院的学生，无不感到困惑：这么一个偌大的佛学院，有着壮观雄伟的大门可以体面地进出，为啥还开一个小门？

实际上，这恰恰是孟买佛学院为它的学生上的第一堂课。全部新来的学生，都会被教师引导到这个小门旁，让他们进出一次。不难想象，这些新生都是弯腰侧身进出的，虽然有失礼仪与风度，但却达到了目的。教师指出，出入方便的肯定莫过于大门啦，大门还能让人非常体面而又有风度地进出，然而，很多时候，我们要进出的地方，并不是都拥有着壮观的大门，或有些大门并不是随便能够进出的。这时候，唯有学会弯腰与侧身，将尊贵与体面放下的人，方可出入。不然，就只能被阻隔在院墙之外。

教师对学生说，佛家的哲学便蕴藏于这个小门中，人生的哲学亦如此。人生之路，尤其是通往成功的路，基本上没有宽广的大门，绝大多数的门都必须弯腰侧身才能通过。暂时的寄人篱下，暂时的委曲求全，是一种度过暂时逆境的策略。

的确，正所谓“人在屋檐下，不得不低头”，学会适时低头，懂得及时规避，蓄势待发，让自己永远保持良好状态，才有可能成为最后的赢家。

相反，一个人倘若不懂得适时低头，凡事争强好胜，以自我为中心，希望身边的人都主动给他让路，最终必然被撞得粉身碎骨。历史上有许多满腹经纶之人，却未能抵达人生的巅峰，便是由于在途中不懂适时低头，不会韬光养晦，最后落得一事无成的下场。

所谓的“屋檐”，说明白些，就是别人的势力范围。换句话说，只要你的人在这势力范围之中，并且靠这势力生存，那么你就在别人的屋檐下了。这屋檐有的很高，任何人都可抬头站着，但这种屋檐并不多。以人类容易排斥“非我一族群”的天性来看，大部分的屋檐都是非常低的！也就是说，进入别人的势力范围时，你会受到很多有意无意的排斥和限制，不知从何而来的欺压、莫名其妙的指责和讥讽都可能时常发生，在这种情形之下你可以选择离开，但是前路艰难，祸福难料；你也可以选择留下，以低调的姿态慢慢融入这个集体，逐渐得到大家的认可和接纳。如果你不想做令人憋闷的“檐”下之人，除非你有自己的一片天空，是个强人，不用靠别人来过日子。可是你能保证一辈子都可以如此自由自在，不用在别人的屋檐下避避风雨吗？

对于绝大多数人来说，答案当然是否定的。所以，在人屋檐下的心态就有必要调整。在人屋檐下时，如果你不想碰头，最好的办法便是低头，在生存与尊严的矛盾中，有心计的人会先把尊严放在一边，顽强地生存下去才是硬道理。

“低头”有非常多的好处：不会因为不情愿低头而碰破了头，因为你很自然地就低下了头，而不致成为明显的目标；不会因为沉不住气而想把“屋檐”拆了。要知道，不管“屋檐”拆得掉拆不掉，你总会受伤，老祖宗早就有“杀敌一千，自损八百”的古训；不要因为脖子太酸，忍受不了而离开能够躲风避雨的“屋檐”，离开不是不可以，但要去哪里？这是必须考虑的，而且离开后想再回来，那是很不容易的；在“屋檐”下待久了，就有可能成为屋内的一员，甚至还有可能来个“鸠占鹊巢”，自己当主人。

在中国历史上，政治斗争、军事斗争极其复杂，有时更是瞬息万变，忍受暂时的屈辱，先低头磨炼自己的意志，寻找合适的机会，也就成了一个成功者所必不可少的心理素质。所谓“尺蠖之曲，以求伸也；龙蛇之蛰，以求存也”，正是这个意思。

另一种更高层次上的“一定要低头”，是有意识地主动消隐一个阶段，借这一阶段来了解各方面的情况，消除各方面的隐患，为将来的大举行动做好前期的准备工作。

【不生气的技术】

不会弯腰的躯体是僵硬的。为人处世，太刚则易折，太柔又缺乏风骨。所以，一个睿智的人，懂得做到刚柔相济、适时弯腰。弯腰能磨砺人的意志；弯腰是一种成熟；弯腰与面子之间没有什么必然的联系。众所周知，高昂着头的稻子颗粒干瘪，面子有了，收获却没有了；弯腰的稻谷，意味着成熟，也预示着大地的丰收。越懂得弯腰，才会越成熟。

◎ 宽恕伤害你的人，你的痛苦会消失

很多人只知道“以牙还牙、以眼还眼”的原则，而置“以善相待”“以德报怨”的为人之道于不顾，总认为将对方搞得吃不香睡不踏实，方是人生的一桩乐事。这种人在伤害对方的同时，也将自己伤害了。真正善于做人的智者，总是敞开大度胸怀，做到理解与宽容。放下恩怨，学会宽恕，用爱代替仇恨吧，这样将让你缓解痛苦，并且变得快乐起来。

曾有这样一个故事：

荷兰一所著名大学的研究人员组织了一批志愿者做了一项有关于“宽恕”的实验。

参与实验的志愿者们被要求想象自己被他人伤害了感情，并反复“回忆”被伤害时的情景。研究人员发现，这个时候的志愿者无论是身体还是精神上的压力同时增加，并伴随着血压的上升，他们的心跳也加快了，还冒汗、面部表情扭曲。之后，研究人员又要求这些志愿者终止想象自己被他人伤害的情景，尽管没有刚才的生理反应强烈，可是某些生理症状仍然存在。最后，志愿者被要求想象已经谅解了自己的“假想敌”，这个时候，志愿者感到身心放松并且非常的愉悦。

由此，研究人员得出结论：宽恕别人，并不代表为伤害你的人寻求借口，而是将目光聚集在他们好的方面，进而将自己拉出怨恨与痛苦的泥潭。

在柴可夫斯基年轻的时候，有一位28岁的姑娘安东尼娜

曾给他写过一封求爱信。那个时候，柴可夫斯基并未接受这位爱慕自己的姑娘。出于礼貌，柴可夫斯基写了一封回信，婉言谢绝了她。不过，这位姑娘很快又写了一封信，固执地表示，假如柴可夫斯基不接受她的爱意，她就会以死来表示自己的忠贞。柴可夫斯基不想发生这样的悲剧，碍于怜悯之心，同意与这位姑娘交往，后来，还走进了婚姻的殿堂。

婚后没多长时间，柴可夫斯基发现安东尼娜只顾着贪婪地享受着他的荣耀，整天絮絮不止的是上流社会的逸闻趣事，却对音乐懵懂无知。厌烦和痛苦深深地影响着柴可夫斯基的创作，他无奈地悄悄避开她的纠缠。后来，安东尼娜和一个名为波切科夫的人姘居并且有了孩子。当时，朋友们建议这位作曲家跟这位没有一点儿共同语言的妻子离婚，但善良的柴可夫斯基并未如此行事，他以人道的宽容，仍然给安东尼娜提供生活费，直至终老。

宽恕伤害自己的人，是不容易的，但也是高贵的。“如果有可能的话，不应该对任何人有怒恨的心理。”德国哲学家叔本华如是说。为伤害自己的人而怒火中烧，最终受伤的可能是你自己。

在古希腊神话中，有一位名叫海格理思的大力士。一日，海格理思走在崎岖坎坷的山路上，看见路中间有一个口袋似的东西，非常碍眼，于是，他走上前去，想着一脚把它踢开；没想到的是，那个东西非但没有被踢走，反倒变大了一些。

见到这种情景，海格理思很是恼火，于是，使出全身力气又踩了那东西一脚，想将它踩破，但它非但没有被踩破，还膨胀了一倍。海格理思恼羞成怒，到不远处捡来一根又粗又大的树枝，使劲儿砸它，它居然再次膨胀，大得将整个道路都封死了。

这时，山中出现了一位圣人，望着怒火中烧的海格理思，说："亲爱的，别再动它了，请放下计较之心吧。它叫仇恨袋，你不惹它，它就会变小如初。你总是记挂着它，不停地踢它打它，它就会不停地变大，最后还会挡住你前进的道路，跟你抗争到底。"

的确，我们越理会仇恨袋，仇恨袋就越膨胀。其实，有人的地方就有矛盾，与人相处的过程中，发生摩擦、误会，甚至是不愉快，这是在所难免的。遇到这种情况，我们不能让仇恨袋不断地膨胀，令仇恨的种子根植于心。正确的态度是：淡化矛盾，摒弃前嫌，握手言和，进而让自己自在，也将别人解脱。

古人有云："大度能容，容天下难容之事；慈颜常笑，笑世上可笑之人。"用爱代替仇恨，宽恕伤害我们的人，这个行为一旦做了出来，假以时日，成为一种习惯，会让我们在与人相处时获得更广阔的人脉。

【不生气的技术】

仁者爱人，宽则得众。既然如此，那么我们生存在同一个蔚蓝色星球上的人，彼此有什么不能宽容的呢？古人云："己所不欲，勿施于人。”我们希望别人宽容自己，我们也应该宽容别人，不乐意别人对自己苛求，我们也就不应该对别人苛求。“将心比心”，以“责人之心责己，爱己之心爱人”，就一定能豁达地宽容别人了。

◎ 要想开一点，事情原本会变得更加坏

在人的一生中，想不开的事情天天存在，想得开就会风轻云淡、海阔天空。想得开，坏事或许会变为好事，失败也许会转为成功，悲伤也许会化为欣喜。一言以蔽之，想开了便是天堂，想不开就是地狱。

有一个囚犯由于吸毒而被关在监狱中。相较于他肥胖的身躯，关押他的牢房显得十分狭窄，所以他居住在其中很是拘束，浑身感到不自在又不能活动自如。对此，他心中很是愤慨与不满，备感委屈和难过，觉得居住在如此狭窄之所，简直就是人间炼狱！

一天，有一只苍蝇闯入了这间小牢房。苍蝇一直嗡嗡地四处乱飞乱撞。囚犯琢磨道：“我心情已经这么烦了，又来这么一个烦人的苍蝇，真是要气死我啊！可恶的苍蝇，我不逮到你誓不罢休！”然后，他动作小心地开始了逮捕动作！可惜的是，苍蝇比他反应灵敏多了，每当快要逮到它时，它就呼扇着翅膀飞走了。苍蝇飞到左边，他就向左边一扑；苍蝇飞到右

边，他又往右边一扑。逮了很长时间，还是没逮到苍蝇。忽然，囚犯意识到："原来我的小囚房不小啊！竟然连一只苍蝇都逮不到，说明还是挺大的啊！"

由此，他悟出一个道理，原来：心中有事世间小，心中无事一床宽。一个人只有想得开，才不会活得太累。

曾经在一篇《养生之道·想得开》上看到这样一句话："人这一生，最要紧也最不容易做到的，就是这三个字，'想得开'。"想得开，是一种有弹性的生活方式，因为事情原本会变得更加糟糕。一个想得开的人，不仅放得下，而且挺得住。

想不开于事无补，不如想得开喜笑欢颜。想得开，是一种心境。著名学者季羡林生前对采访他的媒体说，"有一位老友认为'吃得进，拉得出，睡得着，想得开'很重要，而我则认为，最重要的是'想得开'。我快到100岁了，就是因为想得开。"

波尔赫特是一位著名的话剧演员。从年轻时起，她在世界戏剧舞台上活跃了长达半个世纪。在古稀之年，她忽然遭遇了破产的打击。更倒霉的是，她在乘船横渡大西洋时，不小心跌了一跤，腿部伤势非常严重，而且导致了静脉炎。

为她诊治的医生认为，只有截肢才能让她转危为安。不过，医生却犹豫着是否将这个决定告诉波尔赫特。因为医生担心她承受不了这个打击。

然而，事实证明，这位医生想错了。当他无奈地将这个决定告诉他的患者时，波尔赫特平静地注视着他，回答了一句："既然没有其他更好的方法，那就这么着吧。"

手术当日，波尔赫特扯开嗓门朗诵了戏中的一段台词，没有一点悲伤之情。

有人问她是否在安慰自己，她坚定地说："没有啦，我反而是在安慰医生与护士，他们的工作很是辛苦。"

后来，波尔赫特继续顽强地在世界各地演出，她的身影又在舞台上晃动了7年。

人在想开的时候，心灵之门也就敞开了，什么都能看得清楚。一个人问心无愧了，就不再害怕了。想开了，恐惧就会消失，心情自然就变好了，心情好则一好百好。在想开的时候，人的双眸总是瞅着光明的地方，生命处在一种开放而旺盛的状态中。

想得开是一种精神上的振作，一种思维上的超脱与成熟。想得开能够帮助我们涤荡心灵中的暗流，让整个心灵转向悠闲无虑的宁静。做人要想得开，唯有如此，才有可能生活得幸福快乐。仔细想想，人世间许多事情想不开，又有什么用呢？世上的不平不公不尽如人意之事多了，都想不开，难道把人想死了不成。

从现代心理学的观点来看，有"活得累"想法的人，大多数得的是"心病"，即想不开！也就是他们的心理失去平衡或出现了障碍。俗话说得好，"心病还须心药治"。如果你整天计较自己"活得累"，不妨认真分析一下自己到底累在何处，并切切实实地对症下药。唯有如此，才有可能让自己从“活得累”中走出来，进而让自己生活得充实而快乐。

值得一提的是，这里说的“想得开”，并非不思进取，不求上进，也绝非贪图安逸、得过且过，而是顺其自然，把握机会，是平衡心态，曲径通幽。

【不生气的技术】

有时候，一些人之所以“放不下”，便在于“想不开”。想得开，人生就会充满灿烂和阳光。让我们努力保持一种超然清静的心境吧！想得开身边发生的一切事，闲望天上云卷云舒，静看庭前花开花落，惬意地生活。

◎ 遗忘失败与痛苦，接下来才走得平衡

曾经有一位智者说：“人除了要学会记忆，还要学会遗忘。”如果我们将什么都记得非常清楚，脑海中储放着太多的记忆，当真是一件令人苦恼的事情，久而久之，还会对身心健康产生不利的影响。

英国劳艾德保险公司曾买下一艘船。现在这艘船就停泊在英国萨伦港的国家船舶博物馆里。这艘船是该公司从拍卖市场拍下的。它在1894年下水，在大西洋上曾138次遭遇冰山，116次触礁，13次起火，207次被风暴扭断桅杆，但它从未曾沉没

过。劳艾德保险公司之所以最终打算将它从荷兰买回来捐给国家，关键是考虑到该船不可思议的经历及在保费方面带来的丰厚利润。

然而，让这艘船闻名遐迩的却是一名来此观光的律师。当时，他刚打输了一场官司，委托人也因输了官司而忧郁地自杀了。虽然这不是他初次失败辩护，也并非他见过的首例自杀事件，不过，每逢碰到类似的事情，他心底总是会滋生出一种负罪感。他不晓得该如何安慰那些在生意场上遭遇不幸的人，他们有一部分被骗，有一部分被罚，他们或倾家荡产或妻离子散，也有一部分因输了官司，弄得债务缠身。

当他在国家博物馆看到这艘船时，突然萌生出一种念头，何不让他们到此参观这艘船呢。于是，他就将这艘船的历史资料及其照片一并挂在律师事务所中。每逢商界的人找上门来请他做自己的辩护律师，不管最终官司输赢，他都建议这些人去参观一下这艘船。据英国《泰晤士报》报道：截止到1978年，已有230万人次参观过该船。仅参观者的留言就有170本。

吸引人们纷纷至此的原因正是这艘船上的累累伤痕。众所周知，在大海中航行的船没有不带伤的。其实，人生的道理也是如此。对于每个人而言，光明的未来总是建立在遗忘的基础之上的。唯有将往昔的失败与痛苦等适时遗忘，才有可能在下一段旅程中走得更平稳。

然而，在实际生活中，只要稍加留心不难发现这样的现象：有的人记忆力超级强悍，将什么鸡毛蒜皮的事都记得门清，事无巨细，只要对自己不利都斤斤计较、耿耿于怀，结果弄得自己不仅碌碌无为，还一副林黛玉的病秧态；有的人则该记的记，该忘的忘，精力十足，坦荡行世，生活得很是无忧无虑。不难看出，遗忘非但没有什么不好，它还是一种风度，一种重要的养生之道。

据《列子·周穆王》记载：宋国有一位名曰华子的人被诊断得了遗忘症，“朝取而夕忘，夕与而朝忘，在途则忘行，在室则忘坐，今不识先，后不识今”，“荡荡然不觉天地之有无”。过了一段时间，华子遇到一名医术精湛的人。很快，这名医生便将华子的病治好了。因此，华子将自己过往数十年的得失、喜忧、好恶全都回忆起来了。于是，他“忧忧万绪，须臾不忘”，以致“怒而黜妻罚子，操戈逐人”，弄得鸡飞狗跳，好不热闹。先前平静而美好的生活全被打乱了。

由此可见，一个人只有善于遗忘，将没有必要记住的事物选择适时忘掉，才会拥有愉快的心境和轻松的精神。诚如陶铸所言：“往事如烟俱忘却，心底无私天地宽。”

现代医学也认为，遗忘能够让大脑的负担大大减轻，并大大降低脑细胞的消耗量。在正常情况下，人的脑细胞每天大概死亡十万个。然而，假如某一天遭到外界强烈的刺激，每天死亡的大脑细胞就会增加数十倍。时间长了，大脑肯定是难以承受的。

所以，对身强体健而言，遗忘是必须的。正由于有了遗忘，才保证了必要的记忆和大脑的正常运行。“有失才能有得，吐故方能纳新”。一个人只有清除掉旧的东西，观念与知识才会不断得到更新。只有善于遗忘的人，生命之花才有可能常开。无怪乎有人感慨，“只有遗忘一些东西，才能记住一些东西”，“一个健康而轻松地活着的人，往往是一个善于遗忘的人”。

作为一种品质、一种能力，遗忘并非随随便便就能做到的。首先要加强思想品德修养和心理素质的培养。要胸襟广阔，只记得一些有必要记的东西，剔除私心杂念，并将潜在的个人主义用心克服，淡泊名利，宁静致远。此外，还要时常进行自我心理调节，凡事想远一些，想开一些，争取让自己摆脱名利得失、个人恩怨的束缚，对那些已经过去并且无关紧要的小事小情，糊涂一些，宽容一些，并及时将这些无用之物像清理垃圾一样从大脑中清理干净，不让其在记忆中空占位置。

【不生气的技术】

一个人倘若将什么成败得失、功名利禄、是非恩怨等都铭记于心，让那些伤怀事、郁闷事、无聊事长久地萦绕于脑海，那就无异于背上了沉重的负担，戴上了无形的桎梏，如此生活，必然精神萎靡，心力憔悴，怎么可能不感到苦与累呢？一个成熟的人，往往是善于遗忘的人。也只有这样的人，才有可能开拓新境界，让生命的风景线愈加鲜美。

◎ 弯路上勇敢前行，你就能心想事成

每个人在实现理想、愿望的过程中，都无不期望着自己走的是直路。然而，并不是每个人都可以在这条直路上让自己如愿以偿，也不是每个人都能在直路上行走。行走在直路上的人，必然是集天时、地利、人和于一身，或者是将当代的金钱和权势独揽一身。假如这些条件我们都不具备，那么走一下弯路，实在是难以避免的事情。

著名作家张爱玲就曾以细腻的笔触写过一篇散文，针对人年轻的时候所走的弯路，她指出“不碰个头破血流，怎能炼出钢筋铁骨”，颇是耐人寻味。具体内容是这样的：

在青春的路口，曾经有那么一条小路若隐若现，召唤着我。

母亲拦住我：“那条路走不得。”

我不信。

“我就是从那条路走过来的，你还有什么不信？”

“既然你能从那条路走过来，我为什么不能？”

“我不想让你走弯路。”

“但是我喜欢，而且我不怕。”

母亲心疼地看我好久，然后叹口气：“好吧，你这个倔强的孩子，那条路很难走，一路小心！”

上路后，我发现母亲真的没有骗我，那的确是条弯路，我碰壁，摔跟头，有时碰得头破血流，但我不停地走，终于走过来了。

坐下来喘息的时候，我看见一个朋友，自然很年轻，正站在我当年的路口，我忍不住喊：“那条路走不得。”

她不信。

“我母亲就是从那条路走过来的，我也是。”

“既然你们都可以从那条路走过来，我为什么不能？”

“我不想让你走同样的弯路。”

“但是我喜欢。”

我看了看她，看了看自己，然后笑了：“一路小心。”

我很感激她，她让我发现自己不再年轻，已经开始扮演“过来人”常患的“拦路癖”。

在人生的路上，有一条路谁都必走不可，那就是年轻时候的弯路。不摔跟头，不碰壁，不碰个头破血流，是不可能炼出钢筋铁骨，也不可能走向成熟、走向成功的。

事实上，每个人的人生之旅，都在走着弯路。站在路口时，就算有人能够以过来人的身份，总结一百条忠告、一千条建议，苦口婆心地劝说，通常情况下也是毫无意义的，绝大多数人都是不到黄河不死心。因为人的一生，有些经历别人是难以代劳的，有些弯路则注定要自己去走。在走弯路的过程中，我们会慢慢长大，慢慢成熟，慢慢品尝到成功的硕果，走弯路也会成为成长过程中不可或缺的重要部分。

的确，没有哪个人心甘情愿地去走弯路，然而有时候为了实现梦想，弯路我们是必须硬着头皮要走的，走过了，才能心想事成。如果现在你是一个正在追求梦想的人，当你怀着满腔热血和激情，在直路上难以施展，难道你会选择罢手吗？对于任何一个不甘平庸的人，他们的回答恐怕都是“不”。他们会尝试着走不同的路将梦想追寻，就算是路上经历再多的坎坷、再多的弯度，也会坚定地走下去，只因为心底存在一股力量，它激励着自己不轻言放弃。

人生之路弯弯曲曲、坎坎坷坷，方可谱写出震撼人心的精彩乐章。阳光总在风雨后，不经历风雨，如何能够望见彩虹？不历经磨难，如何能够体验到过程的艰辛，坚定战胜困难的信心，进而品尝到成功的欢喜？

更何况，普天之下，没有多少人的人生路是笔直的。或者说，除了神之外，没有哪个凡人能够做到总是走直路。在通往花园的路上，假如是笔直的大道，是顺风的船舶，我们会错过很多美丽的风景。比如，一段故事，一次金子般的洗礼。一马平川的生命旅途，我们的能力或许会像豆芽一般，迅速地拔高，但终究是纤细柔弱的，不堪一击。

弯路绝非困惑，走一些弯路也不是多么骇人的事情。多走点弯路，多吃点苦头，能够增加我们的阅历和适应社会的能力，可以让我们越挫越勇。面对弯路，我们的正确态度是：不计较、不抵触、不拒绝、不害怕。假如途中出现障碍物，两点之间最短的距离也许就是曲线。

接下来，不妨扪心自问：“必走不可的弯路，我走过了吗？我打算走吗？”“在这中间，一定会经历很多的艰辛，我做好迎接它们的心理准备了吗？”“我在走过弯路之后，是依旧执迷不悟，还是心存计较，抑或是痛定思痛，及时总结，吸取经验教训，暗自发誓一定不能重蹈覆辙？”

【不生气的技术】

世上之事万千，不可能永远如你想象，你也不能永远在温室中成长。所以，既要懂得在顺境中舒展身心，也要学会在逆境里安顿自己。当人忍受逆境时，好比一刀刺心，其苦难当，如果没有相当的修养，实在不堪忍受。这时候，万万不能心起计较，牢骚抱怨，而应该学会自我激励，学会左手温暖右手，勇于接受挑战。出家人倘若在顺境中修行，是永远不能成佛的。

◎ 低谷中的蓄势反弹，反而会跳得更高

很多人在童年的时候，都玩过拍皮球。在拍皮球的时候，稍加注意，就会发现这样一个有趣的现象：用力往上抛皮球的时候，能将皮球送上高点；假如你使劲儿往下砸皮球，皮球同样可以达到高点。我们将这种现象称为“皮球效应”。

假如将这种“皮球效应”应用到成功学上，也就意味着，一个人处于人生的低谷之际，若能够像皮球那样反弹起来，反而会攀得更高。或者说，一个人要想获得成功，就得在跌倒的地方爬起来，因为那里是他产生“皮球效应”的能量点。

基斯·麦克法兰是美国企业咨询业内的顶尖人物之一，曾任佩珀代因大学商学院的院长，微软、摩托罗拉、摩根·斯坦利、万斯等著名公司的商业顾问，科技企业国际尼沃和技术集合系统的首席执行官。

“那些发展最快的企业，是什么促成了它们的成功？”在调查研究了美国7000多家增长较快的企业之后，基斯·麦克法兰发现这些公司的发展并非一帆风顺，它们往往经历过足以令其崩溃的艰苦过程，而这些企业之所以走向成功，是因为它们在困境中获得了反弹力。

这个道理，不仅适用于一个企业的发展，同样适用于那些渴求成功的人士。

程先生是某跨国食品集团公司中国区的总经理。上个月中旬，他从洛杉矶出差回到家时已是凌晨三点半。他不仅疲倦无力，情绪还超级低落。这是为什么呢？原来，他们正面临着丢失最大客户与优秀人才流失这两大危机。与此同时，此次去洛杉矶总部开会，总公司还下达指令，让他进一步压缩开支。对于这种情况，程先生非常焦虑。

一天，他凌晨3点加班完毕，驱车来到一家酒吧。在酒吧里，程先生遇到了一位改变他焦虑心态的“贵人”。这位“贵人”并不是什么贵胄，而是他读大学时讲解哲学课程的赵教授。听完程先生的计较之后，赵教授说：“照你所言，你的公司好像需要有一个反弹了。”

程先生听到这番话，皱起眉头望着赵教授。赵教授见程先生一副疑惑的神情，便向程先生讲述自己从一部战争片中感悟到的道理——当你觉得自己要一无所有时，常常意味着将出现新的机会。

大雪压青松，青松尚能挺且直，更何况人乎？困境和挫折其实没什么可畏的，可畏的是，在困难面前迷失自己，甚至知难而退。所谓的困境，对于坚强的人来说，反而是迈向巅峰的最佳时机。

若想在荆棘小道上开辟属于自己的宽敞大道，我们必须激流勇进，使出一股傲霜斗雪、倔强峥嵘的劲头儿来；一个人若想闯入成功者的行列，在面对不约自来的崎岖时，就一定要让自己做到听着风，冒着雨，感知进退，在匍匐中前进，展现出自己的皮球韧性和反弹效应。

那么，在困境中怎样才能获取反弹力呢？下面来说说获取反弹力的过程和技巧。

1.保持迎难而上的锐气，乐意进行反弹

俗话说得好，“高度产生难度，反过来，难度也决定高度”。遭逢困境或挫折，我们不仅不计较，反而保持迎难而上的锐气，乐意进行反弹，才有可能度过艰苦的磨砺，走过一道道弯路。这样，我们的能力将变得出类拔萃，个人价值将会不断提升，困难也将会因此而畏惧并离我们远去，自然成功也就会离我们越近。

2.有意识地进行焦虑管理训练

当一个人预料到自己将会面对不利的处境或将要面对威胁

你们在我办公室里排队干什么?
辞职

性事物时，通常会有紧张不安、呼吸心跳加快等表现，医学心理学称之为“焦虑反应”。假如听任自己陷于这种焦虑中不可自拔，消极的思想必然会带来消极的行动，自然难以迎来成功的人生。为了变崩溃为上升，我们需要有意识地对自己的焦虑情绪进行管理训练。

它的原理在于：人们产生焦虑时内心有关于危险的自我对话，比如，稍遇困难就对自己说：“大事不妙，好大一只‘拦路虎’。我没办法取胜。”又如，稍遇挫折便对自己说：“为什么我总是这么点背？唉，看来我这辈子是做不出什么成就了。”

其实，假如我们不让自己去注意特殊事件所引起的威胁，这些焦虑情绪则会自然消退。假如试着对自己说一些积极的话，你就会发现，自己原本觉得难以克服的问题和困难并不如头脑中想象的那么困难。此时，你内心的焦虑也会随之缓解，甚至消失不见。

3.依照自身的实际状况，灵活管理自己的焦虑

在焦虑缓解之后，不妨再进一步自言自语下述句子：①我靠自己的力量对付了焦虑发作；②每次练习让我对付焦虑的能力越来越强；③我为自己的进步而欢喜；④我现在内心强大，能够战胜一切艰难险阻。

需要提醒的是，在具体的练习中，你可以依照具体的情况对这些句子进行适当的修改调整，让这些暗示的语言更契合自己的实际状况。在具体的实践中，效果好坏与否，关键在于你

能否长期坚持下去。假如能够让自己坚持训练几个月的时间，一定有利于你对情绪的管理，更有助于你人生的成功。

【不生气的技术】

古语有云："蚌病成珠"。假如说珍珠是蚌历经艰苦磨炼之后所取得的果实，那么，成功就是我们在战胜一次又一次挫折之后，所收获的最珍贵的礼物。在通往成功的道路上，惊恐、焦虑是毫无意义的，唯有勇敢地面对挫折，并勇敢地翻越障碍，才有可能迎来"柳暗花明又一村"的局面，进而让我们品尝到成功后的欢喜。

★不失控的心理课：与各种人相处的艺术

我们每个人在这世界上，都会有各种各样的人际关系。有的关系是无法选择也无法改变的，像父子、兄弟、姐妹这些血缘关系，是属于命中注定的一种关系。而另外一些关系，比如同学、朋友、同事这些关系，却是我们在学习工作中结交的。

人会做人，百事可为。怎么才算是会做人？就是拥有广泛的人脉资源。一个大家公认的说法是，一个人的成功只有15%是由于他的专业知识和技能，另外85%要靠他的人际关系与处世的技巧。因为一个人的能力终究是有限的，必须在群体活动和交往中得到发展。一个人所遇到的困难、危机，也必须得到他人的协助、支持才能解决。因此，为人处世必须要与他人和睦相处，要学习好如何与各种人相处的艺术。

1.与老板相处：尊敬加学习

任何一个老板能够干到这个职位上，至少有某些过人之处。其优秀业绩、工作经验、处世艺术、自身魅力等，都是值得我们尊敬和学习的。

2.与朋友相处：真诚加联络

既然是朋友，就要以诚相见，以心换心，谁愿意与虚伪的人交朋友呢？此外，朋友虽好，如果不经常联络，也有可能慢慢变成陌生人。没事打个电话、发条短信，向朋友嘘寒问暖，是费不了多大劲的。

3.与下属相处：帮助加聆听

帮助下属，其实是帮助自己，因为下属工作做好了，自己的工作也就做好了。而倾听下属的心声，既能了解他们的想法，更能赢得他们对你的尊重。

4.与合作伙伴相处：诚信加分享

对合作伙伴所作的承诺，一定说到就要做到。另外，有肉一块吃，有酒一起喝，有钱大家赚，如果过于刻薄，失去了合作伙伴，那是得不偿失的。

5.与竞争对手相处：坦然加微笑

在我们的工作生活中，处处都有竞争对手，这是很平常的现象。所以要心怀坦然，不要耿耿于怀。同时，对他们要报以微笑，因为他们说不定哪天还会成为你的同事呢。

CHAPTER 5

心平气和面对一切

人生原本不完美

有句禅语说：“退一步天高地阔，让三分心平气和。”人们常犯的最大错误，是对陌生人太客气，而对亲密的人太苛刻。把这个坏习惯改过来，天下太平。生活常和我们开着玩笑，期待什么，什么就会离你越远；执着谁，就会被谁伤得最深。

所以，做事不必太期待，做人不必太执着；要学会放下，放下不切实际的期待，放下没有结果的执着。凡事要看开一些，看透一些，什么都在失去，什么都留不住，唯有当下才是最真实的存在。

◎ 像接受美一样，接受人生的不完美

有位老和尚为了选择理想的衣钵传人，琢磨出了一道奇妙至极的“考题”。一个夏季的清晨，老和尚对甲乙两位徒弟说：“你们去挑一片自己觉得最满意的树叶回来给我吧。”甲乙二人遵命下山了。没过多长时间，甲和尚就拿着一片称不上多么漂亮的树叶回来了。他将这片树叶递给老和尚，说：“这片树叶尽管算不上多么完美，但它是我见到的最漂亮的树叶。”乙和尚在树林中逛啊逛，等到日落西山了，也没寻觅到一片满意的树叶。于是，只好徒手而还。见到老和尚后，他说：“师父啊，我看到了很多很多的树叶，但无论怎么挑，也挑不出一片最完美的，因此没有让我最满意的树叶。”

或许，在人的一生中，我们都会遇到类似的情景，一心只想尽善尽美，最终却弄得空手而归。“挑一片最完美的树叶”，人们做事之前总会抱着美好的初衷，但假如不合实际地一味寻寻觅觅，最终常常会吃尽苦头而毫无所获。为了寻觅到一片最完美的树叶，而让大量的机会从眼前白白消失，这实在是一件得不偿失的事情，聪明的人从来不会这样去做。

那么，话说回来，老和尚的那道“考题”的结果如何呢？不难想象，甲和尚成了衣钵传人。因为在老和尚眼中，甲和尚更明白万事随缘，世上本无完美之事的道理。

完美的反义词便是缺憾。在人的一生当中，常常会发生一些自己竭心尽力去做却又难以做到的事情，这便是一种缺憾。每个人都会或多或少存在这种缺憾，但并非意味着有缺憾的人生就是一种耻辱，而恰恰相反，正由于存在这种缺憾，才会使人生变得更加多姿多彩。缺憾也是一种美丽，我们要像接受美一样接受缺憾，接受不完美。能够心甘情愿地接受不完美，未尝不是一种幸福。

一块完整的木头经过锯削、加工，制作成了一把光滑的小提琴。后来，这把小提琴被一位贫苦的老提琴家购得。这位老提琴家每次用心地拿它演奏时，总能让听众们沉醉在曼妙的琴音里。当有人问到这把小提琴的优点时，老提琴家总会用双手温柔地抚摩着它，望着小提琴优美的线条，意味深长地说道：“原来这块木头必然接受了大量太阳光的照射，而照射进去的东西，通常又会反射回来。”

制作小提琴的那块木头就其本身来说，尽管是一种缺憾，但它却成就了另外的一种美；那位老提琴家尽管自己生活并不算富裕，但却将悦耳动听的旋律呈献给他人。这如何不让人发出一番感慨呢？

陈列在巴黎卢浮宫中的维纳斯雕像是世人公认的缺憾美，令无数人倾倒，它的艺术价值跨越了国度，超越了时代。很多年以来，美术学家、雕刻家、考古学家曾费尽心思地为她的双臂设计过大量复原的方案与模型，却都以失败告终。这是为什么呢？因为那缺憾了的美丽臂膊，“出乎意料地彰显出一种不可思议的抽象的艺术效果”，“奏响了追求可能存在的无数双手的梦幻曲”。这不能不说缺憾也是一种美。

人有悲欢离合，月有阴晴圆缺，这是自然规律，并不是以人的意志为转移的，那就勇敢地接受，你能认为只有半弯的月亮就不是月亮，它除了不完整外，还不是依然在释放它仅有的光和热吗？这不足以证明缺憾也是一种美丽吗？月食，由于存在缺憾而别有动人之象；皎皎满月固然甚为辉煌，却反倒失了一种韵致。

假如你觉得老天爷有失公允，而把“缺憾”投掷给你，你就大错特错了。因为老天爷让你拥有缺憾之后，也一并给你提供了一个创造美的机会，这恰恰是老天爷赐予你的一份别样的礼物，会让人走向成熟与成功。所以，收到礼物的人们，请别再把“缺憾”挂在嘴边，成为闷闷不乐的源头，而应该用自己的性灵去感受那些“缺憾”，或者用心欣赏那些“缺憾”，或者竭心尽力地弥补那些“缺憾”！

值得一提的是，人生中的缺憾固然是一种美丽，但也不要沉迷于其中，而应懂得珍惜眼前所拥有的，才不会让所拥有的在自己的疏忽间失去，变成更多的原本不该产生的缺憾。

【不生气的技术】

或许，“缺憾”对很多人来说，是一个不顺耳的字眼。在他们眼中，缺憾所到之处，会带来某些不幸。所以，他们将缺憾视作洪水猛兽般地逃避。然而，缺憾却常常会悄无声息地降临到我们身边，进而让人产生痛苦与折磨。实际上，生命中的某些事并非我们预想的那样完美，可以说，这个世界上的万事万物，包括人类，都是被上帝咬过一口的苹果，都有那么一点儿小缺憾，只要不苛求，就会发现周边的一切都是那么美丽。

◎ 当接纳自己的完美时，你不会再生气

谢尔·西尔弗斯坦在《丢失的那块儿》里讲过这样一个故事：一个圆环被切掉了一块，圆环想使自己重新完整起来，于是就到处去寻找丢失的那块儿。可是由于它不完整，因此滚得很慢，它欣赏路边的花儿，它与虫儿聊天，它享受阳光。它发现了许多不同的小块儿，可没有一块适合它。于是它继续寻找着。

终于有一天，圆环找到了非常适合的小块，它高兴极了，将那小块装上，然后就滚了起来，它终于成为完美的圆环了。它能够滚得很快，以致无暇欣赏花儿或和虫儿聊天。当它发现飞快的滚动使得它的世界再也不像以前那样美好时，它停住了，把那一小块又放回到路边，缓慢地向前滚去。

人生确有许多不完美之处，每个人都会有或这或那的缺陷。其实，没有缺憾，我们便无法去衡量完美。仔细想想，缺憾其实不也是一种完美吗？

人生就是充满缺陷的旅程。从哲学的意义上讲，人类永远

不满足自己的思维、自己的生存环境、自己的生活水准。这就决定了人类不断创造、追求。从简单的发明到航天飞机，从简单的词汇到庞大的思想体系，没有缺陷，产品便不会一代代更新。没有缺陷就意味着圆满，绝对的圆满便意味着没有希望，没有追求便意味着停滞。

生活也不可能完美无缺，也正因为有了残缺，我们才有梦，有希望。当我们为梦想和希望而付出我们的努力时，我们就已经拥有了一个完整的自我。生活不是一场必须拿满分的考试，生活更像一个足球赛季，最好的队也可能会输掉其中的几场比赛，而最差的队也有自己闪亮的时刻。我们的所有努力就是为了赢得更多的比赛。当我们能继续在比赛中前进并珍惜每场比赛时，我们就赢得了自己的完整。

童年时，我们都玩过积木。在不同的孩子手中，可以拼出不同的造型，可以说是千姿百态，千变万化。但不管怎样去拼积木，总是有缺陷，设计好一种造型后，觉得不完善，于是又重新去拼，结果，还是有不满意之处，于是又继续下去……做人就像拼积木一样，到达一个目标，实现一个想法之后，总觉得还有这样或那样的缺憾，于是又去找想象中的那种圆满。一生总是不停地在寻找，但总是未能如愿，最后，许多人都是带着一丝遗憾离开了世界。

十全十美在现实中是很难找到的，这种完美之事只存在于人的想象当中。美好的人生并不是完美无缺的，而恰恰是因为有缺憾才会有追求，去拼搏，才会使自己的生命分外精彩。

大多数人都知道断臂的维纳斯塑像，它的断臂当然不是雕塑家的初衷，而是从地下挖掘出来时无意中给碰掉的，可是人们却惊讶地发现它是如此之美。也许这种美恰恰就在于它的残缺——失去双臂，这就是残缺美。失去也是得到，有缺憾的地方正好给人们留下了广阔的想象空间。没有最好，只有更好，有志者总是在这样的信念下追求着。要做到这一点，就要打开两扇心灵窗户，只开一扇窗户，就会视野狭隘，使自己变得孤陋寡闻，只能看到比自己逊色的人；多打开一扇窗，眼前就会变得豁然开朗，不仅会欣赏到自然美景，而且还会接触到智慧和才能比自己更优秀的人。

有这么一个故事。一个人去看心理医生，医生问他说："你觉得什么地方不对劲？"

这个人回答："祖父两月前去世，留给我7.5万元；上月一个表亲死去，留下10万元给我。"

"那你还有什么不开心的呢？"

"这个月我一毛钱也没得到。"

有些人面对自己的不如意，或是面对不是自己设想的事情，就失去了控制力，放弃了一切。这是因为他们太过于追求完美。

其实，"完美"只是一个目标，唯有通过每一次的"完成"才能使工作、生活更趋于"完美"，不要让"完美主义"阻碍"完成"的脚步。如果一个人为了追求完美，而不敢去完成，他便永远品尝不到完美的果实。

世间的一切从某种意义上说，是呈现在不完美、不完整与不精确的状态中的，而人们的头脑却要求一切是完美的、完整的、精确的，显然，头脑是在对抗既存的事实。一切都是不完美、不完整和不精确的，我们又何必违逆自然，让心变得不安宁？很多的烦恼，就是因为放不开完美、完整与精确的心理需求。追求完美使人变得没有弹性，变得不随和，变得不快乐。

【不生气的技术】

如果你是“完美主义”者，建议你变成“完成主义”者，不必在乎成果，也不要管别人的批评，只要开始行动，完成一分的成果，你定能收获九分的快乐。

◎ 停止抱怨时，幸运女神在向你招手

生活中许多人都有一个共同的特点，那就是不停地抱怨。工作不如意的痛苦困扰着他们的身心，使他们觉得自己仿佛被命运挤到墙角（其实是他们自己走到了命运的墙角），因此只有通过抱怨来平衡自己。然而，这种抱怨的行为恰好说明他们所遭遇的处境是咎由自取。

季某是北京一所名牌大学的毕业生，能说会道，各方面的表现都不同凡响。他在一家私营企业工作两年了，虽然业绩很好，也为公司立下了汗马功劳，可就是得不到老板的提升。

季某心理有些不平衡，常常感叹老板没有眼力。一日，和同事喝酒时，季某发起了感慨："想我自从到公司以来，努力认真，试图在事业上有所成就。我为公司建立了那么多的客户，业绩也很不错。虽然兢兢业业，成就人所共知，但却没人重视，无人欣赏。"

世上没有不透风的墙，本来老板准备提升季某为业务部经理，得知季某之言，心里不是滋味，后来放弃了提升他。季某之所以得不到老板的提升，就在于他不了解老板的心理，而只是一味地从自己的利益出发，抱怨老板没有识人之"能"。

抱怨是无济于事的，只有通过努力才能改善处境。人往往就是在克服困难的过程中，形成了高尚的品格。相反，那些常常抱怨的人，终其一生，也无法形成高尚的品格，自然也就无法取得任何成就。我们不妨假想一下，你喜欢与那些抱怨不已的人为伍，还是与那些乐于助人、充满善意、值得信赖的人一起共事呢？哪一种同事更受欢迎呢？

有时候，在工作中，我们会碰到一些并非自己职责范围内的工作。只要我们站在公司的立场上，为公司着想，而不是置身事外，采取观望态度，那么，我们所做出的努力就会得到回报。在现实中，我们难免要遭遇挫折与不公正待遇。每当这时，有些人往往会产生不满，而不满通常会引起牢骚，希望以此引起更多人的同情，吸引别人的注意力。从心理角度讲，这是一种正常的心理自卫行为。但这种自卫行为同时也是许多老板心中的痛，牢骚、抱怨会削弱员工的责任心，降低员工的工作积极性，这几乎是所有老板一致的看法。

许多公司管理者对这种抱怨都十分困扰。一位老板说："许多职员总是在想着自己'要什么'，抱怨公司没有给他想要的，却没有认真反思自己所做的努力和付出够不够。"

对于管理者来说，牢骚和抱怨最致命的危害是滋生是非，影响公司的凝聚力，造成机构内部彼此猜疑，团队士气涣散，因此他们时刻都对公司中的"抱怨者"有着十二分的警惕。

抱怨的人很少会积极想办法去解决问题，也很少把主动独立完成工作看成自己的责任，却将诉苦和抱怨视为理所当然。

现在，一些刚刚从学校毕业的年轻人，由于缺乏工作经验，无法被委以重任，工作自然也不是他们所想象的那样体面。然而，当老板要求他去做应该负责的工作时，他就开始抱怨起来："我被雇来不是要做这种活的。""为什么让我做而不是别人？"于是对工作丧失了起码的责任心，不愿意投入全部力量，敷衍塞责，得过且过，将工作做得粗陋不堪。长此以往，嘲弄、吹毛求疵、抱怨和批评的恶习，将他们卓越的才华和创造性的智慧悉数吞噬，使之根本无法独立工作，成为没有任何价值的员工。

一个人一旦被抱怨束缚，不尽心尽力，应付工作，那么在任何单位里都将自毁前程。中软国际副总裁林惠春先生说："抱怨是失败的一个借口，是逃避责任的理由。这样的人没有胸怀，很难担当大任。"

抱怨和嘲弄是慵懒、懦弱无能的最好诠释，它像幽灵一样到处游荡，扰得人心不安。如果你想有所作为，如果你想让自己变得优秀，不妨在遇到不公或是心情郁闷想要发泄时多问一下自己："我抱怨什么？有什么值得我去抱怨的？"然后平静地将答案告诉自己。

一些人遇到困难的时候，总觉得如陷深渊而不能自拔，只有通过抱怨来平衡心态。然而，抱怨是没有任何意义的，只有艰苦努力才能够改善环境。高贵品格的形成往往就是在人们克服困难的过程中。而那些总是在抱怨的人，终其一生恐怕也无法培养出真正的勇气和坚毅的性格，因此也就无法获得成功。没有人愿意与抱怨不已的人为伍，大多数人更倾向于与那些乐于助人、亲切友善并值得信赖的人在一起。在工作中也是如此，很少有人因为脾气坏以及抱怨等消极情绪而获得提拔和奖励。

在现实生活中，确实有些人承受了巨大压力，或者是来自各方面很不公平的对待，但这些都不能成为不停抱怨的理由。从另外一个角度看，如果我们用一种宽广豁达的心态来接受它，把它当成是对成功者的一种考验，我们将收获到更多。

【不生气的技术】

抱怨是没有意义的，最多只是一时的发泄，什么也得不到，甚至还会失去更多东西。宽容是一种成熟的标志，作为一个成熟的人，聪明的做法是停止去计较过去的事，不要再对自己遭遇的不公正待遇而耿耿于怀。

◎ 一颗平常心，足以应付无常的世事

两个不如意的年轻人一起去拜望师傅：“师傅，我们在办公室被欺负，太痛苦了，我们都不想干了。”师傅闭着眼睛，隔了半天，吐出三个字：“平常心。”就挥挥手，示意年轻人回去。回到公司，一个就递上辞呈回家种田，另一个静下心来埋头工作。转眼间10年过去了，回家种田的以现代方法经营，成了农业专家；另一个留在公司的也不差，他忍着气，努力学，渐渐受到器重，成了经理。有一天，两个人向师傅汇报自己的成就，师傅仍然闭着眼睛，隔半天，吐出三个字：“平常心。”

饥来则食，困来即眠。既平常又不平常，同平常，仍与常人一样，饿了就吃，困了就睡，高兴就笑，伤心就悲；不同平常，使生命更加真诚、清澈，了无心机，随缘而往，不矫揉造作，不怨天尤人。其行为心境平常又不平常，不平常又平常。

常听人说一夜无眠，其实，只因想得太多，不肯入睡罢了。

生活不总是一帆风顺的，也正因为如此，我们的生活才有滋有味，才多姿多彩。顺境时，我们懂得享受生活，知道这是生活赋予我们的财富；逆境时，我们往往惊慌失措，像一叶迷航的孤舟，靠不了岸。其实，一时处在顺境之中，不意味着永远一帆风顺；一时处在逆境之中，也不意味着永远没有出头之日，关键看你怎样面对。

人都是从吃母乳开始接触人生，生老病死是谁也不能避免的自然现象，遇着了，干着急并不能使病情有所好转，越是想好得快一些，越是显得糟糕，“病来如山倒，病去如抽丝”。除了尽力配合医生的治疗外，静心颐养，对治疗是有好处的，这时就需要保持一颗平常心。

面对失败和挫折，平常心是一种乐观、自信，重振旗鼓，这是一种勇气；面对误解和仇恨，平常心是一种坦然、宽容，然后保持本色，这是一种达观；面对赞扬和激励，平常心是一种谦虚、清醒，然后不断进取，这是一种力量；面对烦恼和忧愁，平常心是一种平和、释然，然后努力化解，这是一种境界。面对这种种经历，只要你勇于微笑，达观待之，不耽于梦想，不被它左右，拥有一份平常的心态，生活将会一帆风顺！

不要因为今天的痛苦就否定明天的幸福，不要因为微小的成功而迷失了方向，不要因为眼前的风雨而否定明天的阳光。也不要因为错过了星星而哭泣，否则我们会接着错过美丽的月亮！

对那些视金钱如粪土的专心于社会建设的人来讲，平常心更能使他们排除杂念，做好自己的事业；对那些有着强烈的实现自己远大抱负的人来讲，平常心使他们拥有更多的时间来潜心研究自己的学问，至臻至善；对那些已经回首往事不再后悔的过来人来讲，平常心可以使他们问心无愧心情轻松地享受晚年。

从前，在迪河河畔住着一个磨坊主，他是英格兰最快活的人。他从早到晚总是忙忙碌碌，同时像云雀一样快活地歌唱。他是那样的乐观，致使其他人都乐观起来。这一带的人都喜欢谈论他愉快的生活方式。终于，国王听说了他。

“我要去找这个奇怪的磨坊主谈谈。”他说，“也许他会告诉我怎样才能快乐。”

他一迈进磨坊，就听到磨坊主在唱：“我不羡慕任何人，不，不羡慕，因为我要多快活就有多快活。”

“我的朋友，”国王说，“我羡慕你，只要我能像你那样无忧无虑，我愿意和你换个位置。”

磨坊主笑了，给国王鞠了一躬。

“我肯定不和您调换位置，国王陛下。”他说。

“那么，告诉我，”国王说，“什么使你在这个满是灰尘的磨坊里如此高兴、快活呢？而我身为国王，每天都忧心忡忡，烦闷苦恼。”

磨坊主又笑了，说道：“我不知道您为什么忧郁，但是我能简单地告诉您，我为什么高兴。我自食其力，我爱我的妻子和孩子，我爱我的朋友们，他们也爱我。我不欠任何人的钱。我为什么不应当快活呢？这里有条迪河，每天它使我的磨坊运转，磨坊把谷物磨成面，养育我的妻子、孩子和我。”

“不要再说了，”国王说，“我羡慕你，你这顶落满灰尘的帽子比我这顶金冠更值钱。你的磨坊给你带来的要比我的王国给我带来的还多。如果有更多的人像你这样，这个世界该是多么美好啊！”

人需要的是一颗平常心。一个人无论聪明愚笨，都会有得失成败，谁都不可能只享受成功的喜悦，而不遭受失败的痛苦。只有在得失成败之间保持一颗平常心，才会摆脱得意时的狂妄自大和失意时的萎靡不振。

既然一切都必须面对，我们为什么不用平常心来面对呢？用平常心面对，做事情才会坦然、轻松，生活才能宁静祥和。正如佛语云：“平常心是中庸的处世心态，既不清心寡欲，也不声色犬马；既不自命清高，也不妄自菲薄；既不吹毛求疵，也不委曲求全。”可以说，一个人能够保持平常心，便达到了修身养性的最高境界。

【不生气的技术】

平常心是一种最了不起的心态。把自己置于百姓们平淡如水的衣、食、住、行中，才会在司空见惯的日子里享受着人间的真情；在默默付出的同时，获得精神的满足和幸福；在成败之间，找到属于自己的位置，以及汲取前进的动力和信心。

◎ 告诉自己想开点，因为生活本来如此

其实很多时候，我们觉得生活乏味无趣，是因为在我们心目中，总是对生活提出太高的要求，不肯接受生活真实的面目。只要我们摆正心态，告诉自己：生活本来就是如此，有苦有甜，那么，我们就会变得充实和乐观起来。

在古希腊神话中，有一个关于西西弗斯的故事。在天庭

中，西西弗斯犯了法，所以被天神惩罚，降到人世间来受苦。天神对他的惩罚是：他必须推一块石头上山。每天，西西弗斯都得使出九牛二虎之力将那块石头推到山顶，然后才能回家休息。不幸的是，在他休息时，石头又会自动滚到山脚下。于是，西西弗斯又得重新将那块石头往山上推去。

这样，西西弗斯所面临的是永无止境的失败。天神惩罚西西弗斯的，也就是要折磨他的心灵，让他在“永无止境的失败”中受苦受难。每次，在他推石头上山时，天神都打击他，告诉他：“你是不可能成功的。”然而，西西弗斯并不甘于在成功和失败的圈套中被束缚住，他一心想着：推石头上山是我的责任。只要我把石头推上山顶，我的责任就尽到了。至于石头是否会滚下来，那跟我无关。而且，当西西弗斯努力地推石头上山时，他心中显得十分平静，因为他安慰着自己：“明天还有石头可推，明天还有事干，明天还有希望。”

西西弗斯每日都在尘土飞扬的环境中度过，弄得满身大汗，尽管如此，他也不觉得有多么难以忍受。他觉得这就是他的生活。

这时，天神觉得既然西西弗斯已经不再认为这是“劳役”，那么这种“惩罚”对他来说也算不上是“惩罚”了，因为无法再惩罚西西弗斯，便停止了对西西弗斯的诅咒，放他回了天庭。

很多缺乏幸福感的人都不能清晰地“洞察世事”。他们总爱从主观上认定现实应该是什么样子，可现实却偏偏不像他们所认为的那样，通常也不会按他们所期许的方向发展下去，于是现实中就难免会有各种不如意让他们耿耿于怀，气郁结心。他们总在希望和要求，要求生活应该如何，希望别人应该怎样，唯独忽视了要求自己，没有要求自己认清生活的本来面目，并积极地去适应当下的生活。

从前，有一名石匠，他总是叹息自己活得太累，太贫穷，希望自己变成有钱人。一天，还真出现了一个精灵。这个精灵告诉石匠："我能帮你实现愿望。"于是，石匠对精灵说："我希望成为一个富翁。"结果，石匠果然变得富甲一方了。他再也不用挥汗如雨地开山凿石了，他所拥有的金钱能够买到他想要的东西。他觉得自己是天底下最幸福的人了！

然而，没过多长时间，就到了夏季。这个夏季炎热至极，这让他觉得太阳的威力太猛了。"我希望变成太阳！"他许愿道。精灵实现了他的第二个愿望，让他变成太阳，光芒照耀着全世界。不过，几朵云飘过来，就挡住了他的光芒。

于是，石匠感叹："它们比我还要强！"然后，他又对着精灵许愿："我希望变成一朵云，云还可以变成雨水，把许多东西都淋湿冲掉。"

没过多久，石匠又注意到山峦并没有被他的雨水冲掉，因为山依然纹丝不动。"山比我还强大！"他大呼起来，于是又许愿变成一座山。自然，他的愿望又实现了，他高兴了一阵子。

可是，有一天，他发现脚下传来"叮叮当当"的敲击声，哦，是一名石匠！他正在敲开山上的石头。"怎么可能，"他喊道，“我是一座山，但他却比我强，我希望我变成石匠！”于是，他的第五个愿望实现了，回到了当初的出发点，只不过现在的他已经不再计较自己当下的生活了。

生活中很多人未尝不是如此，日复一日地哀叹着生活的劳累与无趣，可是如果静下心来想想生活本来就应该是这样的，那颗委屈的心就容易变得平静和喜悦起来。平凡的生活其实才是最本质的生活，学会享受当下的生活吧。

【不生气的技术】

当我们筋疲力尽的时候，在现实面前无能为力的时候，都会幻想着假如怎么样就不会怎么样，然而，在现实生活中根本没有那么多的“假设”，它也不会给你那么多时间去幻想。人的幸福与快乐指数，并不取决于幻想中的种种可能性，而是当下的切身体会。因此，学会接受现实的生活，才会让快乐离我们更近一点。

◎ 与其计算已失去的，不如珍惜拥有的

有时候，我们会为自己遭到一些意外的损失而耿耿于怀或者自责：“我为啥没想到那一点呢？我为啥没有留意这个问题呢？我为啥没有提前做一些防范措施呢？我真是笨到家了啊。”做出类似的自责于事无补。

因为，首先，我们不是完美的神，对于事情的发展趋势是难以预测准确的；其次，我们没有万事谨慎，时时处处小心；再有，生活中的有些缺失是不可避免的。失去的已经失去，就不要郁结于心吧。

刘超和潘海龙结伴去旅行，就在他们要返程的时候，却同时发现各自的钱包不见了。于是，刘超便急匆匆地到自己游览过的几处风景名胜的服务台寻了个遍，还到当地的派出所报了案，但钱包终究是没有下落。潘海龙在发现钱包丢了之后，则走进一家饭店，把自己的情况大致说了一下后，老板同意雇用他，让他用给饭店打临时工的办法，挣个饭钱，外加一笔回家的路费。知道此事的人说："你到底是去旅行，还是换了个地方临时给人打工呢？"他笑着说："旅游的时间有限，有趣的事情很多，为了丢失钱包而一直郁闷下去很不划算。"

相信不少人都有发生过遗失一些重要或心爱之物的经历，比如不留神丢失了当天刚发的奖金，最心爱的自行车被小偷盗走了，交往了好几年的恋人突然转身离去……这些往往会在一些人心理上投下阴影，甚至有时候还会因此而备受折磨。究其原因，关键在于我们未能将心态调整，以正确的态度面对失去，未能从心理上承认失去，只是沉溺于已不存在的事物。

其实，与其为已经丢失的自行车而闷闷不乐，不如考虑重新入手一辆新的；与其对恋人的转身离去而泪眼汪汪，不如振作起来，寻找下一段真爱。

在唐山大地震中，有一对姓王的哥儿俩，很是幸运。他们被救援人员从废墟中挖了出来。后来，政府又给他们修建了新的房子。然而，哥哥却总是念念不忘失去的一切，整天念叨着失去的十几头小猪崽儿，还有被毁坏的电器等东西。弟弟呢，在大地震中，除了像哥哥那样，损失了一些电器，他的妻子、儿子均不幸身亡，自己还因为被压时间过长而截去了左肢。不过，他却总是安慰自己："我还活着，就是最大的幸运，我不用为吃穿发愁，政府还帮我修建了新房，我感谢政府，感谢老天爷让我的右腿和一双手完好无损。我可以给自己做饭、穿衣，还能帮他人做事赚点钱。"

哥哥总是将得到的东西置于脑后，对所失去的记挂于心，沉溺于忧郁、痛苦的泥潭中，过了两三年，他便患上了胃肠炎与心脏病，后来就病死了。弟弟则珍惜目前所拥有的，学会了用心去享受已拥有的幸福。尽管他没有了左腿，但他学会了修鞋。当他瞧见别人穿上他修好的鞋子，朝他投来满意的眼神时，他也会在心底感慨："我现在还活着，就是一件幸福的事情！感谢老天爷，让我还拥有呼吸，还能做一些有意义的事情。"

这哥儿俩的遭遇是一样的，又一样很幸运，得到救助，保住了一条命。弟弟总认为自己生活得很幸福，哥哥则不这么觉得。两种心态，两种命运。究其原因，关键在于哥哥对已经失去的东西总是记挂于心，却将目前所拥有的抛之脑后。弟弟则不去计较已经失去的东西，却总是惦着自己目前所拥有的。

这就是生活的智者！他们从不会为失去的做无谓的感叹，让自己空留遗憾在人世间。他们很少计算已失去的，而是会竭心尽力地珍惜目前自己所拥有的。失去并不代表着失败，失去后还有重新拥有的机会。这也是成功者应具备的积极心态。

【不生气的技术】

懂得享受生活的人，不在于他拥有多少金钱，不在于他的住房面积有多少、挣钱能力有多强、在单位的职位是高是低，而在于会数数。“不要计算已经失去的东西，多数数现在所拥有的”。这个数数法很简单，但却是享受人生的一种智慧。

◎ 你为自己而活，不必追求所有人都满意

曾看见过一个饭店的门口贴了这样一副十分有意思的对联：“众口难调调众口，人心难得得人心。”它道出了这样一个道理：想让每一个人都满意，是很难做到的。只要你付出了真情实意就足矣。就好比是每年除夕中央电视台的春节联欢晚会，虽然每个节目都是精挑细选出来的，但依旧不能令所有观众满意。

文徵明，明朝著名的大画家。一天，他下定决心要画出一幅人见人爱的作品。经过几个月的辛苦努力，他终于将画画完。然后，他高兴地将画拿到街面上展示，还在画一侧放了一支笔，并附上一行字：假如有人觉得这幅画哪个地方欠妥，请不吝赐教，并在画中标明记号。

一晃，就夕阳西下了。趁着天色还没有完全变黑，文徵明开始收画。这时，文徵明发现整幅画都被人标满了记号——几乎每处笔墨都被人指出了不妥之处。文徵明感到非常生气，当真是“乘兴而来，败兴而归”。

次日，文徵明情绪平静后，打算换一种方法再去试试。接下来，他又摹了一张同样的画拿到街面上展示。与头一天不同的是，他这次是请赏画者将画中的妙笔标明记号。最后的结果是，头一天曾被人指责之处，这次却都换上了表扬的标记。

“原来如此！”文徵明不无感慨地说道，“我现在发现了一个奥妙，那就是我们不管做什么事，让所有的人都满意是不可能的，一人一个眼光，一人一个看法，让一部分人满意就足以欣慰了。因为，在有些人看来是丑的东西，在另一些人眼里恰恰是美好的。”

很多时候，无论是怎样的一个人，无论这个人是否做事，做事是多是少，究竟做的是什么事，他都会不可避免地惹来别人的讨论与评价。对此，有些人以之作为行为标准，他们非常在乎别人如何看待自己，结果导致行动的时候畏首畏尾，苛求完美，将自己搞得十分紧张，仿佛是在为别人而活一样。无论是谁，都不可能让每个人都满意。所以，要学会顺从自己的内心，不要让别人不经意间的一句话而影响了你做事的心态。

有人问美国华尔街一家公司的总裁：“你是否对来自别人的批评很敏感？”总裁是这样回答的：“是的，我早年对这种事情十分敏感。我当时急于令公司里的每一位员工都觉得我完美至极，假如他们不这样想的话，我就会变得非常忧虑。只要一个人对我有怨言，我就会想方设法去取悦他。然而，我做的讨好他的事，常常又会招致另外一个人的不满。等我想要补偿这个人的时候，又会惹恼其他一些人。最后我发现，我越想讨好他人，就越会让对我不满的人增多。

“所以，我后来对自己说：只要你在世间行走，你就肯定会听到怨言，受到别人的批评，因此还是趁早不要太计较这些为好。这一点对我大有帮助。从那之后，我决定尽自己最大的能力去做我该做的事情，而不去将心思与精力用在追求让每个人都满意上。”

有这样一个故事。故事的主角是20世纪美国小说家和剧作家布恩·塔金顿。塔金顿的代表作有《伟大的安伯森斯》和《爱丽丝·亚当斯》，它们均获得普利策奖。在一次艺术家作品展览会上，两个小姑娘非常虔诚地请布恩·塔金顿签名。

“我忘记带钢笔了，用铅笔行吗？”布恩·塔金顿说，其实他知道小女孩是不会说“不”的，他只是想表现一下，作为一位知名作家和蔼地对待普通读者的风范。

“没问题！”女孩们果然爽快地答应了，还十分欣喜地接受。一个女孩很快将精致的笔记本递给布恩·塔金顿。他拿出铅笔，心情愉悦地写上了几句鼓励的话语并签名。

不料，女孩看过他的签名后，眉头紧皱，并仔细望着布恩·塔金顿的脸。然后，迟疑地问：“你不是罗伯特·查波斯吧？”

“我不是，我的名字叫布恩·塔金顿，《伟大的安伯森斯》和《爱丽丝·亚当斯》的作者，两次获得普利策奖。”

接下来的情景是布恩·塔金顿没想到的。这个女孩听完后，居然不屑地耸耸肩膀，然后转过脸来对旁边的同伴说：“玛丽，麻烦你把橡皮擦借我用一下。”

布恩·塔金顿见状，瞬间红了脸，他内心的骄傲与自负统统化为了虚有。

这个真实的故事启示我们，谁也无法做到让每个人都满意，就算是自我感觉很棒的时候，也要时刻提醒自己：不管自己如何卓尔不群，依旧会有人不喜欢你。

在现实生活中，不少人经常会遇到这样的事情。他们在做事情的时候，犹犹豫豫，优柔寡断。当人们问他们为何迟迟下不了决心，原来并没有什么让他们为难的事情，只不过是他们太过于追求让每个人都满意。

事实上，每一个人都会有属于自己的感觉，都会依据自己的所思所想来看待世界，所以不必追求让每个人都对你满意，否则你将很难得到快乐。正如“萝卜青菜，各有所爱”，有的人喜欢吃香蕉，有的人喜欢吃柚子，每个人的口味不同罢了。只要自己在力所能及的范围内做到最好，获得了大多数人的表扬，这便是一种认可。

【不生气的技术】

在滚滚红尘之中，人的性情总是多种多样的。无论是谁都没有办法做到让每一个人都满意，虽然他已经竭尽所能了。所以，我们只需要被大多数人接纳和认可就很好了，无须因为别人的不喜欢而对自己产生失望情绪，而应该时时刻刻不忘提醒自己："就算我多么卓越超群，依旧会有一些人不喜欢我，但这又有什么关系呢？"

◎ 别人的不屑鄙视，是在鞭策你成长进步

我们要理智地面对别人的不屑和鄙视、批评与指责，要将它们视为对你成长进步的鞭策。

一位热爱音乐的15岁少年，在姐姐的鼓励下，硬着头皮参加了一次市里的歌唱比赛。由于怯场，歌还没唱完，就被裁判粗暴地打断了。只听裁判鄙夷地说："行了，就这水平也来参赛？你可以下去了！"这个少年听后，脚抖声颤、手足无措，就像遭到了当头棒喝，做贼一样溜了下来，并发誓这辈子再也不唱歌了。然而，酷爱音乐的姐姐却不这样认为，她找到弟弟，严肃地说："这有啥？姐姐相信你，你会唱得更好的！别因为他人的鄙夷而否定自己。坚持下去、奋斗下去，成功一定会到来的！"少年听从了姐姐的劝告，发奋努力，10年之后，终于以《大约在冬季》《狼》等歌曲名震乐坛，他就是著名歌手齐秦。

生活在这个纷繁复杂的世界中，形形色色的人都有。谁都

有可能遭受到侮辱，特别是在我们身份地位卑微的时候，总有那么一些人势利眼。对于这种人，生气或者勃然大怒是无济于事的。如果因为这些而陷入自卑的沼泽，更是没有必要。还击这种人最好的办法就是保持你的自信与尊严，并争取早日出人头地。

塔·格·谢甫琴科是乌克兰的一位著名诗人。他在1814年生于一个农奴之家。后来，尽管他赎了身，但却由于写了大量的革命诗歌而被流放到奥伦堡草原。他性格既幽默又倔强，对于权贵总是一副傲视的态度，但他却很喜欢跟着渔民们去划船，捕鱼后就走进小店去闲坐。

有一次，他在那儿邂逅了一位权贵。这位权贵跟谢甫琴科稍聊片刻，临别前，他向谢甫琴科伸出手来，不过给的只是一个指头。只听那位权贵傲慢地说："当我跟地位相等的人表示敬意时，我伸出双手；比我低一级的人，我伸出四个指头；再低一点的是三个指头；更低一点的是两个指头；对其他的所有人则是一个指头。"

听完这位权贵的一番"大道理"，谢甫琴科并没有生气，而是笑着说道："我是一介草民，没有官位，这可如何是好呢？先生，要不然，我给你半个指头吧！"话音刚落，只见谢甫琴科把自己的拇指夹在食指与中指之间，露出半个指头，向权贵伸过去。

你鄙视我，我更鄙视你，主动将半个指头伸向对方，就等于是将对方置于比自己更低的地位！一个人可以允许犯错误，但是不可以允许把自尊丢掉。一个人只有懂得捍卫自己的尊严，他的信念才不会缺失，他的人生阵地才不会陷落，他才有可能克服各种困难，最后迎来一个辉煌的人生。

哈斯顿·杰斯特是一个土生土长的美国黑人，但他却是一个“国宝”。在美国境内所有的合唱团，都逃脱不掉唱上一两首他创作的歌曲的命运，而在黑人灵魂音乐的创作上，他也是世界级的高手，无人能与之比肩。

有一次，他被人这样问道：“杰斯特，说实话，你有没有遭受过种族歧视的经历呢？”

“哦，我这辈子都在遭受歧视。只不过，我觉得自己不应该对种族歧视反应过度，所以，我从来都在试着对别人的歧视置之不理。尽管对此我很难做到完全释怀，但我从不记恨别人对我心存歧视。”

还有一次，在拉斯维加斯的万人演唱会上，杰斯特·哈斯顿用真情演唱了一首《我的梦想在你那儿》。他在唱完之后，深情地说：“我和大多数美国人一样，热爱我们这个国家，但是我的肤色让我跟一些人有所不同，不过这没什么大碍，你们都是颇有欣赏力的听众，认同我的歌喉绝非虚假，我的歌喉为了你们的快乐唱出了一种梦想。”

杰斯特·哈斯顿的话刚一说完，雷鸣般的呼喊声此起彼伏，从此，斯特·哈斯顿名声大噪，成为国宝级歌王。

这启示我们：无论是什么人，在遭受挫折、遭人鄙视的时候，生气是无济于事的。生气只会让别人感到你小气，更加小瞧你。生活给予我们快乐的同时，也给了我们伤痛的体验。有的人能够很坦然地面对一切，知耻而后勇；而有的人却一味自卑，垂头丧气。为什么不想想，如果自己足够优秀，别人还会忽视你吗？

【不生气的技术】

冻死迎风站，饿死不弯腰。当受到鄙视、冷遇的时候，我们要调整好心态，充满自信，这样才能心平气和地做事，才能坦坦荡荡地做人，才能赢得别人的认可、尊重和喝彩。

★不失控的心理课：摆脱心理失衡的5种法则

现代人在很多时候很多场合都会产生一些异常心理，进而导致心理失衡，表现出郁闷、烦恼、生气、发怒、失望、悲观等情绪。现代人的心理失衡是一种不健康状态，已经成为一种严重的社会问题，必须设法摆脱心理失衡，使思维正常运作，走出心灵的误区。

1.加强修养，遇事泰然处之

养成乐观、豁达的个性，平静地接受人生中出现的种种变化，调整自己的生活和工作节奏，主动地避免因生理变化而对心理造成的冲击。事实上，那些拥有宽广胸怀、遇事想得开的人是不会受到灰色心理疾病困扰的。

2.尽力寻找情绪体验的机会

一是多想想你所从事的事业，时时不忘创新，做出新的成绩，跃上新的台阶；二是要关心他人，与亲朋、同事同甘共苦，无论悲欢、离合，都是对心理的撼动，它会使人头脑清醒，心胸开阔；三是多参加公益活动，乐善好施，为子孙造福。最好是学会一门艺术，无论唱歌弹琴、写作绘画、集邮藏币，都会使你进入一种新的境界，产生新的追求，在你的爱好之中寻找乐趣。

3.保持心理宁静

面对大量的信息，不要紧张不安、焦急烦躁、手足无措，应保持心情宁静，学会吸收现代科学信息的方法，提高应变能力。最后，要尽量多地设想出获取它们的可行途径，并选择一个最佳方案行动，从而减轻个人的心理负担，收到事半功倍之效。

4.适当变换环境

一个人在缺乏竞争的环境里容易滋生惰性，不求有功但求无过，过于安逸的环境更易引发心理失衡。在新的环境，接受具有挑战性的工作，可激发人的潜能与活力，变换环境进而变换心境，使自己始终保持健康向上的心理，避免心理失衡。

5.正确认识自己与社会的关系

要根据社会的要求，随时调整自己的意识和行为，使之更符合社会规范。要摆正个人与集体、个人与社会的关系，正确对待个人得失、成功与失败。这样，就可以减少心理失衡。

CHAPTER 6

情商培养与训练

情商比智商更重要

曾经我们总是以智商的高低来评判一个人将来是否是个人才，将来是否会有出息。但是，很多智商很高的人却让我们失望了，他们并没有成长为我们所期望的人才，反而是因为一些小挫折、小困难就无法生存下去，成了大众的反面教材。

这是为何？因为他们的情商低。情商，原来我们一直忽略了它。

◎ 只要情商到了，心中怒气就消了

情商（EQ），就是情绪商数、情绪智力、情绪智能、情绪智慧，是一个人感受理解、控制、运用表达自己以及他人情绪的一种情感能力。也就是我们经常说的理智、明智、理性、明理，主要是指你的信心、恒心、毅力、忍耐、直觉、抗挫力、合作精神等一系列与人素质有关的反映程度。主要是心理素质。

1995年，美国哈佛大学教授丹尼尔·戈尔曼出版了一本书，叫作《情绪智商》。该书系统而全面地将情绪智商方面的内容介绍给了大众，一时风靡全球。与此同时，“情商”（EQ）这一概念也在世界范围内迅速蔓延，广受关注。在这本书中，戈尔曼教授提到了一些情绪方面的问题：例如人们普遍感到孤单、忧郁、任性、焦虑、冲动，等等——这引起了大众的强烈共鸣。那么，究竟是什么原因导致了这种生活状态呢？人们虽然找到了诸多原因，但最根本的，还是情商。

情商的高低对一个人的身心发展有着重大影响。对其能否取得成功同样有着不可估量的作用，有时其作用甚至要超过智力水平。尤其是身处当今飞速发展社会的人们，快节奏的生活、高频率的工作负荷、越来越激烈的竞争，再加上纷繁复杂的人际关系甚至天灾人祸，心理压力普遍很大。在这种情况之下，只有高智商的应付显然力不从心，如果不能及时地管理好自己的情绪，调整好与他人和社会的关系，最终败在自己手里的人绝不在少数。

情绪决定了人的心理状态。良好的状态才有良好的欲望，才能将一个人内在的其他能力发挥到极致，其中当然也包括智力。

戈尔曼教授花费多年，对全球500家企业、政府机构和非营利性组织进行了研究分析，除了发现成功者往往具备应当具备的工作能力以外，杰出的成就和卓著的表现与情绪智能往往有着不可分离的密切关系。而企业的优秀领导人在一系列的情绪智能，如影响力、团队领导、自信和成功动机等方面，都有非常优秀的表现。

情商影响着人的一生。它在一个人的命运中具有决定性的作用，在人生各个领域中也就占据着更重要的地位。一位成功者可能不是聪明绝顶的天才，却必定是能调动自己情绪的高情商者。

情商对人们的幸福感和满足感有极大的影响。不能熟练使用情商技巧的人缺乏有效管理情感的方法，任由情感驱动自己的行为，结果造成恶性循环，会双倍地体验焦急、抑郁，甚至产生自杀的想法。而那些能熟练实践情商技巧的人们在他们所处的环境中将感到更加自在、更加舒服。

情商技巧加强了你的大脑应付情绪低迷压力的能力，使你保持免疫系统的强壮，从而帮助你防止生病。情商技巧是工作场所中一个最主要的业绩预报器，是成就领导力和个人优秀的最强有力的驱动力量。

【不生气的技术】

控制怒火、掌控情绪最根本的办法是提高自己的情商。

◎ 以德报怨，人生的路会越走越宽

第二次世界大战期间，一支部队在森林中与敌军相遇，激战后，两名战士与部队失去了联系。这两名战士来自同一个小镇。

两人在森林中艰难跋涉，他们互相鼓励、互相安慰。十多天过去了，仍未与部队联系上。这一天，他们打死了一只鹿，依靠鹿肉又艰难度过了几天。也许是战争使动物四散奔逃或被杀光，这以后他们再也没看到过任何动物。他们仅剩下的一点鹿肉，背在年轻战士的身上。这一天，他们在森林中又一次与敌人相遇，经过再一次激战，他们巧妙地避开了敌人。

就在自以为已经安全时，只听一声枪响，走在前面的年轻战士中了一枪——幸亏伤在肩膀上！后面的士兵惶恐地跑了过来，害怕得语无伦次，抱着战友的身体泪流不止，并赶快把自己的衬衣撕下包扎战友的伤口。

晚上，未受伤的士兵一直念叨着母亲的名字，两眼直勾勾的。他们都以为他们熬不过这一关了，尽管饥饿难忍，可他们谁也没动身边的鹿肉。天知道他们是怎么过的那一夜。第二天，部队救出了他们。

事隔30年，那位受伤的战士安德森说："我知道谁开的那一枪，他就是我的战友。当时在他抱住我时，我碰到他发热的枪管。我怎么也不明白，他为什么对我开枪？但当晚我就宽容了他。我知道他想独吞我身上的鹿肉，我也知道他想为了他的母亲而活下来。此后30年，我假装根本不知道此事，也从不提及。战争太残酷了，他母亲还是没有等到他回来，我和他一起祭奠了老人家。那一天，他跪下来，请求我原谅他，我没让他说下去。我们又做了几十年的朋友，我宽恕了他。"

受伤的士兵明知道是战友伤害了他，但他能看在朋友的份上原谅战友，这是宽容的最高境界。能够在自己生命受到威胁的时候设身处地地去替别人设想，原谅别人对自己犯下的过错，这是一种以德报怨的伟大精神，如此大度的宽容必定会消融所有仇恨，赢得一个充满温馨的世界。释迦牟尼说："以恨对恨，恨永远存在；以爱对恨，恨自然消失。"

佛陀在世时，有位阿阇世王，为了夺取王位，害死了自己的父王频毗娑罗王后自立为王。不久，当他知道弑父的罪报后，开始心生悔恼，由此而全身发热生疮，臭秽不可闻，经治疗后，病情不但没有减轻，反而越发严重，虽有人劝他往佛陀处求取忏悔解救，但他仍自惭形秽不愿去。

频毗娑罗王虽被儿子杀害，但他生前信佛虔诚，深知身心的虚幻无常，故不但没有任何的怨恨，而且在知道儿子的情况后，反而显灵劝告儿子。告诉他，自己是佛陀的弟子，愿以佛陀的慈悲来原谅他，而且佛陀就快入灭了，如果不赶快去，就再也见不到佛陀了，因为除了佛陀能救他，使他不堕入地狱外，再也没有任何人可以解救他了。受到父王的催促，阿阇世王前往求见佛陀，因而得以获救。

频毗娑罗王的宽容的确令人感动，他展现了宽容的真义，如此难能可贵的宽容，不只原谅了儿子，更升华了自己！

宽容，意味着你已经不再用别人的错误来惩罚自己，也意味着你已经由一个平凡的人升华到一个不平凡的人。宽容地对待你的对手、仇人，你会感受到退一步海阔天空的喜悦，也能体会到人与人之间达到心灵沟通的幸福；更会收获对方因自己的宽容而回心转意的欣慰。学会宽容别人，就是学会宽容自己；给别人一个改过的机会，就是给自己一个更广阔的空间！希望我们每一个人都能这样想：我愿意宽容，在过去、现在和未来，所有诋毁、妒忌、蔑视、欺辱、欺骗，甚至伤害、戕害、杀害我的人！

我们的心灵本是一方净土，怨恨使它成为地狱，而宽容可以把地狱变成天堂。如果我们选择了宽容，那就是选择了天堂。

【不生气的技术】

宽容，是一个不断超越自己、超越执着的过程，我们愈能宽容，就愈能净化自己，使自己靠近光明。

◎ 与人争辩，无法赢得别人的好感

宋朝时期，蔡州的知州张绅犯了贪污罪被免职。有人对宋太宗赵光义说：“张绅非常有钱，不至于贪污，是吕蒙正贫穷之际向张绅索取财物没得逞，现在施行报复罢了。”吕蒙正不申辩，结果张绅官复原职，而吕蒙正的宰相之职却被罢免了。后来，考课院查到张绅贪污的证据，于是又将张绅的官职免了，吕蒙正重当了宰相。宋太宗特意对吕蒙正说：“张绅果然有贪污的行为。”吕蒙正听了，一笑置之，既没有重提旧事让太宗脸上无光，也没有追究那个打他小报告的人。

这种做法绝不是争斗的小人所能做到的，明明知道对方是不对的，却不争不斗反倒认输。一个人如果不争表面形式的输赢，而重思想境界和做人水准的高低，那么他的生活必然过得很潇洒。

人生之中，何必事事都要去争论，以赢取那无谓的胜利呢？就像有人所说，嘴巴痛快根本不算赢。在实际生活中，我们不要为了逞口舌之快，与他人进行无谓的争辩。

19世纪时，美国有一位青年军官，由于性格争强好胜，总喜欢跟人争辩，所以时常跟同事们发生激烈争执，林肯总统为此把这位军官处分了，并对他说了这样几句颇有哲理的话：“成功之士肯定不偏执于个人成见，更无法承受其后果。这包括了个性的缺憾和自制力的缺乏。与其为争路而被犬咬，不如让路于犬。因为就算将犬杀掉，也弥补不了被咬的伤口。”

有一次，刚参加工作没多长时间的冯宁去参加朋友的婚礼，席间有一位小伙子在解说新郎与新娘的关系时，用了“青梅竹马”这个成语。他可能为了显示自己学识渊博，还张口吟道：“郎骑竹马来，绕床弄青梅。”随后，小伙子补充说，自己所吟的这首诗是宋代女词人李清照所写，殊不知，这是唐代诗人李白所写的《长干行》。或许，这首诗蕴含着深厚的感情，以致这位小伙子误以为出自女子之手。

可能是冯宁年轻气盛，又觉得自己古典文学功底深厚，于是，毫不客气地当着众人的面，给那位小伙子纠错。令他没想到的是，那人反而更加坚持己见了。

就在冯宁和他争论不休时，冯宁瞅见他的大学老师在隔桌坐着。话说这位老师在唐代文学领域可是颇有造诣。于是，他们跑过去让老师做仲裁员。孰料，老师听完后，在盖着桌布的桌下，用脚轻踢了冯宁一下，一脸严肃地对他说：“你记错了，那位小伙子所说无误。”

回家途中，冯宁越想越不服气，他不相信学识渊博的老师，居然会记不清这首诗。于是他一到家就从书柜中翻出一本权威版本的《唐诗三百首》，确定自己无误。第二天，他向公司请了事假，因为他要拿着书去学校找老师，要老师还自己一个公道。

见到老师后，冯宁还未开口，老师就先说了：“你昨天说的那首诗是李白的《长干行》，并没有错。”冯宁听完后，很是纳闷。老师接着说：“你是正确的，但我们没必要在那种场合让他人下不了台。那个小伙子并没有征求你的意见，只是表达自己的想法，对错根本与你无关，你干吗跟他争辩呢？在社会上行走时，永远不要与人进行无谓的争辩！”

“永远不要与人进行无谓的争辩！”我们应将这句话作为自己的座右铭。因为在争辩结束之后，争论的双方十有八九比争辩之前更坚持自己的观点。

我们永不可能在辩论中赢得胜利，因为假如我们辩论输了，那便是无话可说；即便是赢了，一样也是“输”。此话怎讲呢？倘若我们赢了对方，将他的说法抨击得体无完肤，那又能如何呢？倘若我们获得一时的胜利，那种喜悦又能维持多长时间呢？

相反，假如对方在争论中占了下风，肯定会觉得有损于自尊心，他日必寻找机会加以报复。因为一个人如果不是心甘情愿地认输，内心依旧会执拗地守候着自己的见解。

事实上，当我们与人争执时，有时候争到面红耳赤仍旧毫无结果。或许最终证明我们是正确的，但如果这种正确性是以人际关系的受损为代价换来的，那么，真的值得这样做吗？当与人争辩时，不妨先思忖这样一个问题：“我究竟需要的是什么？一个是意义不大的‘表面胜利’，一个是对方的好感。”它们就好比孟子口中所言的“鱼”与“熊掌”不可兼得，一定要权衡清楚，尽量避免不应该有的遗憾。

本杰明·富兰克林说过：“倘若你经常跟他人抬杠、反驳他人，与他人争论，或许偶尔可以取得胜利，但那仅仅是空洞的胜利罢了。因为你永远赢得不了对方的好感。”所以，天底下只有一种能在争论中获得胜利的方法，那就是永远不要跟人做无谓的争辩。唯有如此，我们才能赢得好感，才能在人海中不再孤立。

【不生气的技术】

我们双脚踩踏的地方，不过几寸大小，然而在蜿蜒的山路上踱步时，稍微不慎，就会坠入山崖之下；从碗口粗细的独木桥上过河时，稍微不慎，也会坠入河中。究其原因，关键在于双脚旁边缺乏足够的余地使然。人要想在社会上站稳脚跟，游刃有余地与人相处，也必须学会给别人留点回旋的余地，不要一味与人争论不休而把话说绝。

◎ 身处复杂的环境，多为别人着想

在生活中，我们会听到很多类似这样的气恼的话：真是太难处了，人际关系实在是太复杂了；人心隔肚皮，有人当面说你好话，背后又说你坏话；人情冷漠，同学或者朋友要聚会了，可来的人永远都只有那么几个；周末想约个人一起吃饭，却不知道这电话该打给谁；同老公怄气了，想找个人倾诉一番，迈出家门，茫然不知该走向何方……

小方最近心情不大好。前不久，她原来供职的那家公司倒闭了，她一下子成了无业人员，而新工作又不能马上找到，生活陷入了困顿境地。让小方更为郁闷的是，在自己心情极度糟糕的时候，却不知道该找谁倾诉。

“我自认为平时人缘还不错，大家也都说和我相处很舒服，在北京待了5年多了，认识的人也不少，手机里有几百个电话，同事的、同学的、老乡的、客户的……可我每天拿着手机翻来覆去地看电话本，就是不知道该给谁打个电话。”小方想不明白，为什么自己认识的人越来越多，反而找不到一个可以说心里话的朋友？

现实的生活决定了这种状态，步入社会让我们不得不面临这些，生活的压力让每个人失去了自我，让我们不得已每天看重自己的现状。毕业工作后，同学不再像原来那样单纯亲切，见面了互相关心的只是收入有没有提高，车子是不是贷款，房子有没有提前还贷。没结婚的互相关注着对方的男女朋友（哪个的朋友更能赚钱，哪个的家里有钱）。似乎人只为了钱而生活，这些尤其让不适应社会的人更加难过。

在工作和生活不确定、不稳定的压力下，人与人之间的互防心理日益加重。现在就业压力越来越大，找到一份好工作已经很不容易，再想奔个好职位，那就更难了。正是由于这种僧多粥少的局面，人们在争好工作好职位的过程中，各种正当的、不正当的竞争行为就难以避免。这也是很多同事之间、同行之间交往只适合于“点到为止”的重要原因。现如今，“事不关己，高高挂起”已经成了社会成员的一个为人处世的潜规则。在这样一个只能“交往”不能“交心”“关心”的环境里，是绝对不会出现朋友的。

在现代企业中，人与人之间的人际关系问题让广大职场人士和企业经理人“饱受折磨”。不管是分工合作，还是职位升迁，抑或利益分配，无论其出发点是何其纯洁、公正，都会因为某些人的“主观因素”而变得扑朔迷离，纠缠不清。随着这些“主观因素”的渐渐蔓延，原本简单的同事关系、上下级关系变得复杂起来：一个十几个人的办公室，可以有几个不同的派系，更可以有由这些派系滋生出来的上百个纠缠不清的话题。习惯于这种不动声色、波澜不惊的职场老手，将办公室比喻成战场，在这里，每天都进行着一场场没有硝烟战火的较量，不管你累不累，愿不愿意，只要你置身“江湖”，就“身不由己”。

身处复杂的人际环境中，你不要烦恼，更不要生气，你需要足够的冷静，以平和的心态看待周围的一切，凡事多为他人着想，尊重他人，体谅他人，积极主动地与人交往。生活在一个压力重重的环境中，人们往往会把自己的心包起来，不愿意和外界沟通。但是如果你积极主动地用坦诚的态度与人交流，还是能够赢得他人的理解，还是可以在同事圈子里找到朋友的！

你不能改变别人，但你可以改变自己。当你为人际关系烦恼气闷时，不妨想想这样一些问题：你是否需要改变对待他们的态度或说话的方式呢？你是否需要和他们直接谈谈？或者，你仅仅需要将注意力从那些琐碎的、让你不舒服的事情上移开，事情就迎刃而解了？

想要获得舒适的人际环境吗？那么，现在就行动起来，对每一个人都友善，你会收获更多。

【不生气的技术】

肯尼斯·古地说："如果你站在别人的角度多想想，你就不难找到妥善处理问题的方法，因为你和别人的思想沟通了，有了彼此理解的基础。"人就像一块磁铁，吸引思想相近、志同道合的，排斥其他不同类的。如果你想结交仁慈、慷慨的人，自己也必须先成为这样的人。种什么因，结什么果。你所有的思想，最后都会回到自己的身上。

◎ 受得住，失败就能成为你的财富

挫折和失败，都是成功道路上不可或缺的伴侣。人，不经磨炼不成才。一切挫折和失败，都为崛起提供了不可多得的思考和契机。一位作家说："对苦难的一次承担，就是自我精神的一次壮大。"每一个有识之士、有志之士，都应该受得住失败，不应被一时的失败打倒，不应在挫折和失败面前逃遁、沉沦，而应在挫折和失败中崛起、抗争。

罗曼·罗兰是18世纪的著名作家、社会活动家、音乐家。

小说《童年的恋爱》是罗曼·罗兰的处女作。但他将这篇作品送给当时一位权威批评家过目时，曾备受打击。尽管他一时气得将原稿撕得支离破碎，但他并未被失败打倒，继续坚持写作，终成一代名家。

盖叫天是中国著名京剧表演艺术家。想当年，他为了表现武松的英姿，曾在眼皮中间撑两根火柴棒来练习眼睛睁得滚圆。为了让腿部看起来挺拔，他行走时都会在腿弯处绑上两根削尖的竹筷子。遍尝辛酸苦辣，经历各种挫折与失败后，他最终成就了舞台上的“活武松”。

在美国某州，有一位名叫蒂姆·迪克的年轻人。他从祖父那里继承了一座庄园。没过多久，一场突如其来的雷电引发了山火。大火将这座美丽的“森林庄园”烧毁了。于是，蒂姆·迪克愁眉不展。他经受不住这个打击，整天将自己关在房间里沉默不语，茶不思，饭不想，难以入眠，眼睛都熬出了血丝。

过了一个月，年事已高的外婆听说了这件事，语重心长地打电话给蒂姆：“亲爱的，庄园变成了废墟并不是最糟糕的事情，糟糕的是，你让双眼没有了光泽，变得像老年人一样。试问，一双老去的眼睛，如何可以看到希望？”

蒂姆在外婆的谆谆教导下，一个人走出了庄园。

他毫无目的地溜达，在一条街道的拐角处，瞧见一家店铺的门前围了很多人。他走上前去一探究竟，原来，是一些家庭主妇正在排队购买木炭。那一块块躺在器皿中的木炭让蒂姆眼前一亮，他看到了一丝希望。

在接下来的半个月中，蒂姆请来了10位烧炭者，让他们将庄园中烧焦的树木加工成上等的木炭，转送到集市上的木炭经销店。

结果，这批木炭很快就被人们抢购一空。除去支付烧炭者的薪酬，落入口袋中的钱很是丰厚。后来，他拿这笔利润购买了一大批新树苗，雇用人手重新栽种。渐渐地，一个新的庄园初具规模了。没过几年，“森林庄园”便又呈现出一片盎然的绿意。

当出人意料的挫折或失败向我们袭来时，当我们被不幸的遭遇压得无暇喘息时，不要恐慌，不要一蹶不振，伸出双手，挥散心头上的那团云雾，这时候天上的太阳，自然就会敞亮地照进我们的心扉。

希拉斯·菲尔德先生为现代通信事业的发展做出了巨大贡献。因此，他的名字至今仍为人所传颂。

当菲尔德先生退休的时候，他已经为自己积攒了一大笔养老金，足够他安享晚年。不过这位可敬的老人并无休息下来的念头，他的头脑中产生了一个伟大的构想，而且在当时来说，这个构想还相当浪漫——他要在太西洋里铺设一条电报线路，让欧洲和北美成为两个相邻的村庄！

当计划确定后，他马上投入到实际操作中去。整个工程非常浩大，仅仅是前期基础性的工作，就要建造一条1000英里长、从纽约到纽芬兰的电报线路。纽芬兰有400英里长的电报线路要穿过人烟罕见的森林，因此，要建成这条电报线路，就不得不先修筑一条等长的公路。再有，电报线路还要穿越布雷顿角全岛。

英国政府是菲尔德先生最先想到的合作伙伴。在他看来，假如有了英国政府的支持，整个工程的难度会降低很多。不过，英国的议会向来以保守闻名于世，对于菲尔德先生的计划，议会中不乏强烈反对者。尽管如此，这个计划最后还是得以顺利实施，当英国议会这些政客享受到这条电缆带来的便利时，反对者便不再吭声了。

铺设工作开始了。电缆的一端系在英国旗舰“阿伽门农”号上，该舰停靠在塞巴斯托波尔港；另一端系在美国护卫舰“尼亚加拉”号上，这是由美国海军最新制造的豪华战舰。然而，当电缆铺设到5英里之际，却忽然被卷入了机器中，断裂了。第一次尝试以失败告终。

菲尔德先生并未垂头丧气，很快进行了第二次试验。这次试验同样充满曲折，在铺设到200英里时，突然没了电流，但就在菲尔德先生打算将电缆切断时，电流突然又奇迹般地出现了。当晚，舰艇以每小时4英里的速度缓慢前行。这时，又突遭无妄之灾，舰艇莫名其妙地出现了一次严重倾斜，当制动器紧急制动时，又碰巧割断了电缆。第二次试验又宣告失败。第三次试验又开始了。由于有了前两次的教训，这次的电缆铺设十分顺利，消息传出之后，大西洋两岸欢声四起，但乐极生悲，另一个不幸的消息出现了：电缆中没有电流通过！

这些都没有将菲尔德先生吓倒。他又组建了一个新公司，继续从事这项工作，并且亲自设计制造了一种比普通电缆性能更好的新型电缆。

1866年7月13日，又一次挑战开始了。经过十几天的努力，电缆顺利接通，并且发出了首份横跨大西洋的电报！以下便是电报的具体内容：

“7月27日晚上九点，我们顺利抵达目的地，上帝始终跟我们同行！电缆铺好了，运行完全正常。希拉斯·菲尔德。”

这件事再次说明，成功总是建立在一次次失败的基础上，机会总属于经受得住失败的人，尤其是在从事一项开创性工作时，获得任何经验都必须付出相当的代价。所以，当我们面对失败时，更要注意保持一种积极的心态，因为成功也许离你只有一步之遥，眨眼之间，你就能够得到胜利女神的拥抱！

【不生气的技术】

挫折和顺利，失败和成功，都是完整人生不可缺少的组成部分。它们之间，相辅相成，互相转化。老子曾说：“祸兮福之所倚，福兮祸之所伏。”顺利往往伴随挫折而来，成功常常在失败中诞生。无数事实证明，挫折和失败是成功之母。平日里，我们要将失败像抹蜘蛛网一样轻轻抹去，总结失败教训，立志咸鱼大翻身。切不可让失败成为心中的阴影。

◎ 有的事没那么重要，就随它去吧

契诃夫，19世纪末俄国伟大的批判现实主义作家，情趣隽永、文笔犀利的幽默讽刺大师，短篇小说的巨匠，著名剧作家。他曾写过一篇名为《小公务员之死》的短篇小说。一个喷嚏搞得小公务员整天惶恐不安，最终导致自己丧失了性命。究其原因，关键在于小公务员自身太过于恐惧。这或许是文学的虚构，然而，在现实生活中，为了一丁点儿小事而惴惴不安或紧绷着脸的人并不罕见。

有一个人晚上做了一个噩梦，在梦中他瞅见一位头戴白帽、脚穿白鞋、腰佩长刀的男子向他厉声叱喝，并朝他的脸上吐唾沫。于是，他被吓醒了。第二天，他愁眉苦脸地对人说："我自小到大从没有遭受过别人的侮辱。可是昨天晚上梦里却被人骂并朝我脸上吐唾沫，我一定要找出这个人来，否则我就去见阎王爷。"就这样，他每天早晨一起床，就去车水马龙的大马路上找寻梦中的男子。几个星期过去了，他寻人未果。后来，人们发现，这个人自杀了。

看完这个故事，可能很多人都会嘲笑做梦人的愚蠢，做梦本是一件非常平常的小事，做噩梦也是常有的事情。怎么可以为此而舍弃宝贵的性命呢？然而，就有很多人为这种不值一提的小事情而惴惴不安。还有这样一个故事，不妨再自查一下有没有你的影子。

仰山和尚是沩山禅师的徒弟。有一年，师徒二人许久未曾谋面，彼此都非常牵挂。等到见面时，沩山禅师问仰山和尚："这段时间你都干了些什么事？"

仰山和尚回答："我开垦了一片荒地，然后种了一些庄稼和蔬菜，每天挑水浇地，锄草除虫，一年下来，竟然有很不错的收成呢！"

沩山禅师点头称许："你这一年过得非常充实啊！"

仰山和尚反问："师父，那您这一年都忙活什么了啊？"

沩山禅师笑着回答："我过了白天就过晚上。"

仰山和尚随意说道："你这一年也过得非常充实呢！"话音刚落，他就觉得自己这么说不太妥当，话语中仿佛夹杂着讽刺的气息，于是，满脸通红，不由自主地咂了咂舌头，心想："我如此一说，师父必然会觉得我在嘲笑他，我真不应该这样说！"

仰山和尚的这一窘态早就被沩山禅师看在眼里了。就在仰山琢磨着怎样挽救的时候，沩山禅师开口说话了："只不过是一句话，何必计较太多，将它看得如此严重呢？"

仰山和尚一愣，顿时明白了师父的用意，说道："我们开始上课吧！"

沩山禅师欣慰地点了点头。

仰山和尚为自己一句不甚恰当的话语而惴惴不安，但师父根本就没放在心上。有些事，真的没你想象的那么严重，对此我们无须过分担忧。

在这个世界上有些事情原本十分平常，但一些人往往将事情看得太过严重，让一些小事占据了内心，进而忧虑不已、寝食难安。有些小事，只要不是成心为之，又没有造成什么严重的不良影响，那就随它去吧，无须将它放在心上。

卡耐基对一件发生在很多年以前的事情犹记于心。那个时候，有一个来自纽约《太阳报》的记者，参加了他开办的成人教育班的示范教学会。在教学会上，这名记者抨击卡耐基及他的工作。当时，卡耐基被这名记者气得火冒三丈，觉得记者的抨击对他是一种侮辱。他打电话给《太阳报》执行委员会的主席季尔·何吉斯，特别要求刊登一篇文章，将事实的真相道明，不能任人嘲弄他。他当时一心要让这名记者受到适当的惩罚。

很多年之后，卡耐基指出，现在他却对当年的行为感到十分惭愧。他现在才弄清楚，买那份报的人大概有一半不会看到那篇报道；看到的人中又有一半会将其只视为一件小事情来看；而真正注意到这篇文章的人中，又有一半在一两个月之后就将这件事情忘到九霄云外了。

卡耐基终于懂得，普通人根本就不会太关心你我的事情，他们只会关注他们自己——在早餐前、早餐后，一直到午夜十二点如何如何度过。他们对自己的小事情投入的关注度，要比能置你或我于死地的大事情要高1000倍。

因此，我们想要生活得轻松愉悦，活得有意义，就无须太在意一些无关紧要的小事。不要将自己的时间和精力浪费在庸人自扰和寻找人际关系的障碍上。记住，能给你重担的只是你自己，他人的关注或留心只是暂时的。过一段时间后，再去询问别人是否记得你当时有多出丑，多数人肯定已经完全没印象了，甚至有人已经不记得你姓甚名谁了。

【不生气的技术】

人之所以能够成为这个世界的主宰，不仅仅是因为我们拥有强壮的身躯，而是因为我们拥有一个充满智慧的大脑，一个看开世事、不为小事而烦恼的豁达心态。难怪理查德·卡尔森的一条人生黄金原则便是：“不要让小事牵着鼻子走。”

★不失控的心理课：掌握工作情商的 3 个技巧

情商真正的价值在于提高服务自己和服务他人的愿望和能力。下面展示一些如何将情商应用到工作中的实例，希望这些情商蓝图的事例可以激励你找到合适的方法把情商应用到自己的工作、生活中去。

1.一路微笑：做出艰难的决定

（1）裕纪的故事

裕纪的公司决定离开纽约市，但是，她却认为自己无论如何都应该待在那里。在日本，裕纪曾经是个金融领域成功的实业家，也是个小有名气的人物。在纽约，她想要开一家小规模的风险投资基金公司，而且她已经成功地获得了一个富有的日本投资者的小额投资。

裕纪被介绍到总部在西雅图的一家吸收基金的美国公司。她要坐飞机到西雅图与公司人员会面，但是，中介公司却没有及时安排好飞西雅图的飞机。裕纪感到很失望，于是打电话给西雅图公司总部的执行总裁，正好总裁要在下周去纽约。

于是，他们决定在纽约见面。

裕纪是个很积极乐观的人。她愿意和消极的情绪斗争到底，也总是努力避免消极的感觉，在听到坏消息的时候，第一反应就是试着“让自己平静下来”。她掌握了十分熟练的情绪技巧，无论什么时候产生消极的感觉时，她都会马上运用这些技巧。于是，问题就解决了。

（2）对裕纪情商的分析

做到乐观积极是一回事，而不让自己体会消极情绪就是另一回事了。裕纪要做的是一个重要的投资项目。如果西雅图公司总裁的说服力很强，那么裕纪就要将自己总投资的相当一部分交给总裁，来实现总裁的设想。

处在积极情绪中的人倾向于看问题的全局，将注意力集中在各种可能性上。他们不会注意细节，也不去分析掌握的信息，从中寻找可能出现的问题。裕纪总是避免消极的情绪，所以她也许不会仔细全面地看西雅图公司总裁的计划书，这是很危险的。

裕纪当然很明白危险的存在。她知道自己只注意积极的情绪，也认为长期处在积极的情绪中未必总是最佳的策略。事实上，她也想起了从前的一些事情，那时候，积极的情绪曾给她带来了麻烦。因此，裕纪要在找到自己需要的信息、对公司面临的风险做出评估之后再决定是否投资，这才是处理问题的正确方法。

（3）运用情商计划

在总裁做介绍时，裕纪感到自己沉浸在总裁的兴奋情绪之中不能自拔。尽管这样，她还是产生了一种想法："这是我现在想要的感觉吗？"裕纪决定让自己平静下来的同时，心中有一个不同的目标：一定要把情绪由高涨乐观降低到中性甚至是有些消极的情绪之中。

裕纪把注意力更多地集中在市场营销计划和公司转移市场的计划上。结果她发现，在计划的推理中存在着很多问题。当然，她认为有些严重的问题可以纠正过来。所以，她和总裁进行了一次颇有建设性的讨论，并且提出了公司方面需要做出的保证。

当时她提出自己的判断和评论后，执行总裁表现得有些惊讶，或许因为自己没有想到这些问题而感到有些尴尬。

（4）结果和经验

裕纪做到了按照情商蓝图的四个步骤进行思考。首先，她对自己和他人的感觉进行了判断。同时，她产生了能够帮助自己集中注意力在细节问题上的情绪。然后，裕纪试着了解潜在的问题、他人的感受和他人产生这些感受的原因。最后，裕纪接受了令她不快的感觉，对情绪中包含的信息进行了分析，最终取得了满意的结果。

2.进入状态：产生新的思维方式

（1）拉塞尔的故事

拉塞尔从来就不是一个乐观的人，虽然他并不悲观，但是却很忧郁沉默。

拉塞尔从前的主要工作就是确保银行家和交易商之间的交易合法。因此，他必须很清楚证券和银行业的法律法规，向客户解释这些法律法规，并最终批准交易的达成。他特别擅长寻找差异和错误，可以在无数页数字、表格和宣传文案中找到弄错的地方。

他的工作做得很出色，所以得到了晋升。在新岗位上，拉塞尔需要向投资银行部门介绍如何更好地处理规章制度方面的问题。

从表面上看，这份工作很刺激，因为这份工作可以给他提供与投资银行部门人员友好交流的机会。

但是，新工作给拉塞尔带来了难题。他似乎还沉浸在原来的工作之中。他还是把注意力放在寻找制度的问题和银行家如何没有理解政策等方面。他对未来没有计划，也看不到希望。

（2）对拉塞尔情商的分析

拉塞尔在工作上遇到的困难和问题主要是因为他在运用情绪推动思考方面以及控制情绪方面存在缺陷。

拉塞尔能够很好地应对消极和中性的情绪，他能够很容易地进入略为消极的情绪之中，而自己却没有意识到。对他来说，这已经成了工作的一部分。然而，在得到新工作之后，他找错误和注意细节的特点丝毫未减。从前在工作中比较合适的消极情绪现在已经行不通了。

（3）运用情商计划

拉塞尔的情商训练计划十分简单——他需要做的就是承认情绪与思维之间的联系，将情绪与手头的任务协调起来。对拉塞尔而言，承认情绪和思维之间的联系并非易事。作为一个做分析工作的人，拉塞尔十分重视理性思考和判断，他并不认为感情在工作中有任何作用，特别是在自己的工作中。然而，凭借他的分析能力，他能够很快就会将这个障碍转化成帮助他的工具。

拉塞尔很快就接受了情商就是一系列技巧的观点，并且他喜欢研究情绪在思维中的作用。他迷上了对情商的研究。他注意观察了自己平时的情绪，包括情绪如何变化以及这些变化如何改变他的观点。他开始记情绪日志，在日志中，他试着将事情和想法与情绪的变化联系起来，这就为他提供了重要的信息。有了这些信息，拉塞尔就可以了解自己如何产生某种情绪了。例如，拉塞尔曾经渴望成为一个渔民，当他想到孩提时和父亲一同去北部安大略湖时，他的情绪就渐渐高涨了起来。总之一句话，他现在变得快乐多了，不那么消极，也不那么爱挑毛病了。他现在不仅可以设想多种不同的情绪情景，而且能够在合适的时机将这些情景派上用场。

（4）结果和经验

经过几个月的刻苦学习，拉塞尔已经能够很轻松地产生积极情绪了。在之后的几个月中，拉塞尔在思考问题的时候似乎更有创造力了，他也能够体会到他人的感受了，所以与客户的关系也得到了改进。

曾经很低调的拉塞尔仍然是一个情绪很低调的人。他喜欢低调的情绪状态，这样的情绪让他感到很舒心。他的个性和性情都没有改变，但是，他已经掌握了一种新的技巧。

3.正确地抉择：处理伦理冲突

（1）孙茜的故事

孙茜当护士已经好多年了，她主要在神经外科工作。她很喜欢自己的工作，也很擅长，但是在一次事故之后，她发现自己几乎无法走路了。经过恢复性治疗，她虽然又重新可以走路，但是不得不换一个职业，因为她已经不能长时间站立不休息了。

孙茜重新回到了学校，并以第一名的成绩获得了运筹学硕士学位。她比较喜欢内部审计，因为她认为内部审计和手术室里的危机管理环境相似。

孙茜利用自己的诊断技巧分析问题，但是之后就会把工作交给别人，像她在手术室的工作一样。

在一次审计中，孙茜发现了一个错误，涉及的价值达1250万元。孙茜认为那仅仅是个错误，银行会向证券交易委员会承认错误，并主动采取行动消除产生问题的根源。但是，银行行长却不想听到这些话，他对孙茜说“给我找个不会发现问题的顾问”。

孙茜不同意这个建议，但是行长仍旧一意孤行。在孙茜被命令掩盖错误的一个月之后，人力资源部的代表布莱德突然来看她。他花了好长时间才说出自己来的真正目的，他告诉孙茜，银行不再需要她的服务，并且，孙茜被解雇和顶撞行长没有任何关系。

（2）对孙茜情商的分析

孙茜的情商技巧是她的长处，通过情商分析我们发现，也许部分是由于这些技巧导致她丢掉工作。我们的分析从判断情绪开始。

孙茜知道布莱德肯定有事情要说。布莱德感到紧张时总是“轻轻地敲着自己的手指”，说话时也不看着你。在和孙茜谈话时，布莱德就是这样。所以，孙茜仔细进行了观察。

当布莱德说到关键的地方时，孙茜已经准备好了。布莱德告诉她其职位被取消了，银行也不再需要她的服务了。孙茜对这样的决定自然感到不开心，也很不安，因为在这件事上，银行做得不对。但是，正如她所说的“如果我生气了，我就会把注意力集中在错误的原因上”。孙茜需要听取布莱德的信息，需要从银行的角度看待问题，包括布莱德和银行行长的角度。孙茜产生情绪并进行推理的能力，让她找到了正确处理问题的办法。

孙茜很明白世事多变的道理。她看到了布莱德说话时的不安，也理解行长的左右为难。她知道这些人的感受，也明白他们为什么会产生这样的感受，也就是说，她理解情绪的能力十分出色。后来，有人问她事情是不是有些不公平，她回答说："这完全取决于你看问题的角度。他们把我看作容易发炮弹的大炮，我可以理解。"

孙茜尽全力要求银行承认财会上的错误，并且直接面对问题毫不回避。不管人们多么希望问题能够自然消失，想要对问题视而不见显然不会起作用。孙茜展示出了自己控制情绪的能力，因为她接受了情绪，并且希望受到感情的推动采取行动，使自己的行为符合公司的利益。虽然她的努力没有成功，但是她的做法很值得称赞。

（3）运用情商计划

不管在手术室还是处理审计问题，孙茜都试图从人性的角度出发。孙茜不是一个强有力的领导者，她也承认这一点。她愿意充当"二把手"，这就能够使她的判断力、理解力和全局观得到充分发挥。

但是在这种情况下远远不够。尽管孙茜拥有这些技巧，但是她却没能够实现自己的目标，这个故事的结局并不令人满意。当别人问她这个问题时，她说她宁愿结果不是这样，也许其他人会比她做得好。

同时，她也指出自己无论如何都不会做出有悖于价值观和道德标准的决定。在强大的压力之下，孙茜愿意也能够保持自己的立场不动摇。

如果孙茜运用了情商蓝图的技巧，事情的结果会不会不同？也许吧。如果预期目标是让行长接受孙茜的建议，就要更好地了解行长的感受以及这些感受如何指导他的思维。通过情绪假设分析，我们需要考虑，针对不同的建议，行长会做出怎样的反应以及这些反应通过何种方式表现。为了让他接受不舒服的感觉和恐惧，孙茜应掌握行长的感觉，这样或许会让她获得做出正确抉择的观察力、愿望和能力。

（4）结果和经验

结果是孙茜丢掉了工作。尽管孙茜再次找到一份新工作并没有花很长时间，但是孙茜的诚实和正直没有得到回报，所以这看起来还是不公平、不公正的。我们不知道如果重来一次结果会不会不同，但是我们得到了经验教训，即尽管这个世界有时候会给高情商的行为以回报，但运用情绪的能力和信息却一定是正确的事情。

我们希望高情商的人不仅能够正确的做事，而且能够“做正确的事情”。

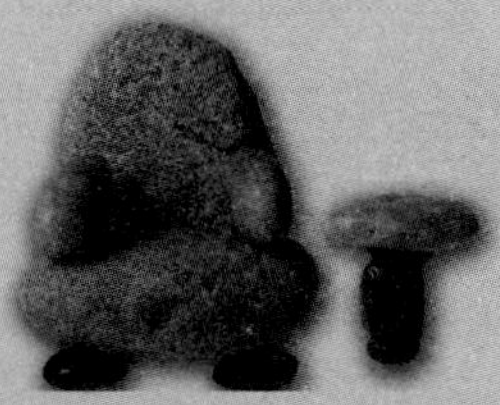

CHAPTER 7

生气不如争气

战胜自己改变自己

证严法师曾说：“一般人常说，要争一口气，其实，真正有功夫的人，是把这口气咽下去。”人只看得见别人的过错，看不见自己的缺失，面对别人的指责，也常不加自省，反倒以恶言相向来掩饰自己的心虚。

不中听的话是一把锐利的剑，可以刺穿你的心脏，但是你也可以伸手握住它，使它成为你的利器。

◎ 可以输给别人，不能输给自己

在这个世界上，真正的失败只有一个，那就是被自己打败。

一支小分队在一次行军中，突然遭到敌人的袭击，混战中，有两位战士冲出了敌人的包围圈，结果却发现进入了沙漠中。走至半途，水喝完了，受伤的战士体力不支，需要休息。

于是，同伴把枪递给中暑者，再三吩咐："枪里还有5颗子弹，我走后，每隔一小时你就对空中鸣放一枪。枪声会指引我前来与你会合。"说完，同伴满怀信心找水去了。躺在沙漠中的战士却满腹狐疑：同伴能找到水吗？能听到枪声吗？会不会丢下自己这个"包袱"独自离去？

日暮降临的时候，枪里只剩下一颗子弹，而同伴还没有回来。受伤的战士确信同伴早已离去，自己只能等待死亡。想象中，沙漠里秃鹰飞来，狠狠地啄瞎了他的眼睛，啄食他的身体……结果，他彻底崩溃了，把最后一颗子弹送进了自己的太阳穴。枪声响过不久，同伴提着满壶清水，领着一队骆驼商旅赶来，找到了一具尚有余温的尸体……

那位战士冲出了敌人的枪林弹雨，却死在了自己的枪口下，让人扼腕叹息之余不免警醒：我们奋斗在人生的旅程中，与天斗、与人斗，不轻易服输，相信只要自己努力就没有什么战胜不了的。然而，很多时候，面对恶劣的环境，面对天灾人祸，面对尔虞我诈，是我们在心理上先否定了自己，是我们自己选择了放弃，选择了失败。

在生活的艰难跋涉中，我们要坚守一个信念：可以输给别人，但不能输给自己。因为打败你的不是外部环境，而是你自己。

所以，大多数成功者的格言是：相信自己，接受自己！

走自己的路，让别人去说吧！你的一切，包括你的样子、你的兴趣、你的事业都只属于你自己，又何必在乎别人怎么想，怎么说呢？当然，这种事情说来容易，做起来可就难了。如果你的头脑里已经塞满了成千上万的偶像，又怎么会不在乎你的样子会像谁呢？有一点你必须记住，你只能像你自己，你也只能是你自己！

记住，不管别人会不会嘲笑你，即使你没有足够结实的肌肉，你也仍然是一个不折不扣的男子汉。

君子动口不动手。当你受到袭击时，你首先必须尝试用言语来保护自己，用和平的方式来解决问题。当然，如果危险降临到了你的头上而你又别无选择时，你也只有以牙还牙了。面对危险你首先一定要镇定，但千万不能在敌人面前表现出自以为是的样子。男子汉大丈夫能屈能伸，一点小小的委屈算得了什么，一时低头总比血染疆场要好得多吧？

即使你不是体育场上的佼佼者，喜欢的是音乐或者手工制作，那也算不了什么，你照样还是一个正儿八经的男子汉。

不要理会别人的想法，你应该有自己的爱好、自己的价值。或许有许多人正在背地里羡慕你的多才多艺，嫉妒你的心灵手巧呢。

学会用你自己的双脚走路，坦率地面对你的优点和不足。你比你想象的要好得多。

不要总是把自己同别人进行比较，那样你就会逐渐失去自我。你可以崇拜你的偶像，但是你身上应该有属于自己的印记。

这些话说起来容易，但真正做起来似乎也没有那么简单。当你听到别人说你是“懦夫”，是“胆小鬼”的时候，你的心里一定会不舒服，甚至还会就此沉沦下去。然而，每个人都是真正的勇者，都在以自己的方式向着目标冲刺。因此，不用在乎别人对你的评价是什么，那根本就没有任何依据。

保持你的个性，相信自己，你就是这个世界上最强的强人。

自信是做大事者所必须具备的素质。自信是一种感觉，有了这种感觉，人们才能怀着坚定的信心和希望，开始伟大而又光荣的事业。如果你充满自信，就不能等待别人来发现，来了解，应该积极地表现自我。

只有那些对自己具有充分信心的人才敢于对各种人生险境进行挑战，你心中燃烧自信火花的秘诀在于“仔细观察你的潜能所在，然后慢慢地在那个领域里求索”。

【不生气的技术】

每个人都要保持自己的本色，这是激发潜能的重要通道，也是最大化自信的源泉，更是实现人生价值的必由之路。人要改变自己，就需要时时处处充满自信。既要在自己内心里相信自己，也要在公众面前表现出这种自信心。

◎ 自己要强，老天也肯伸手帮助你

大家可能都听过这个故事：一头驴子不小心掉到枯井里，它在枯井里惊恐地叫喊和求救，主人在井边很着急却一时想不出好的办法。

无奈之下，主人觉得不值得花更大精力去营救驴子，便找来周围邻居帮助他填满枯井，将驴子“人道”地处理掉。当看到人们纷纷往井里填土，驴子很快意识到自己的危险处境，它停止了无用的叫喊，继而冷静下来，默不作声地抖落掉身上的尘土，狠狠地用脚踩紧。就这样，没过多久，驴子竟然慢慢升到了井口，最后它纵身一跃跳出来，成功自救。

我们每天的生活都是在上演“枯井求生”的动作片，各种各样的困难和挫折通常会不请自来，如同尘土一般落到我们头上。若想从苦难的枯井里脱身出来，办法通常只有一个，那就是：将它们统统抖落在地，重重地踩在脚下。

每一个困难、每一次失败，都是人生历程中的一块垫脚石，都是促使你一步步获得解救的宝贵财富。不要躲起来，要敢于去应对这些不利的状况。一位只有一条腿的退伍军人说："我绝不会向上帝祈求自己有一条新腿，只是希望他告诉我现在该如何生活。"犹太人也常常说："倒霉时，不要逃避，压力是会帮助你走出困境的。"不管得与失，当困难来临时，我们首先要做的，就是不再继续沮丧和掉眼泪。

一个人站在屋檐下避雨，忽见观音撑伞经过。这个人惊讶地对观音说："菩萨，您度我一下吧，带我一段路如何？"观音说："我在雨里，你在檐下，檐下无雨，你不需要我度。"这个人立刻跳出屋檐，站在雨中说："菩萨，现在我也在雨中，您该度我了吧？"观音说："你在雨中，我也在雨中，我不被淋因为有伞，你被雨淋是因为无伞。不是我度自己而是伞度我。你不必找我，请自找伞去。"说完观音便笑着走了。

成功者总是善于自救的，他们就像褪去光环的菩萨一样，尽管打伞走路，依旧不改强者的本色。凡事求人不如求己，神仙的烦心事，一样得靠自己摆平。

我们不知道自己拥有无尽的宝藏，不求诸己，但求诸人，希求别人的关爱、别人的提携，稍有不能满足所求，就灰心失望。一个没有力量的人，怎能担负责任？一个经常流泪的人，怎么获得别人的尊重？

勇敢面对危机，你会获得尊重。就拿还债来说，首先，不要心存侥幸，清偿债务远比躲债和赖账更容易，也更能让你获得别人的尊重。老话讲得好，"无债一身轻"。其次，你要尽快列出所有债务清单，与每一位债主沟通协商，坦诚地将现状告诉他们，取得他们的信任后，说明你的偿债计划，最终达成不同的债务协议。再次，你要找到稳定的工作，积极寻求好的项目，将每个月所有收入的7/10留作家用，保证家人的基本生活，这也是你应当承担的责任。之后，老实地将所有收入的2/10分成若干等份偿还给债主，坚定不移地履行还债的承诺。这样做，债主们绝对会理解和赞许你的诚信行为。最后，将所有收入的1/10存起来，积少成多，以备急需或者用于日后的安全投资。既然要还债，无论如何都要量入为出，减少消费，即便在还清债务之后，也要保证所有开销不能超过总收入的7/10。

想办法尽快还清债务，心态上努力控制自己的情绪，转嫁自己的烦恼和忧虑，牢记四句忠告：

第一，一切没有你想象的那么糟；

第二，天大的困难总有过去的一天；

第三，消极的情绪对改变现状毫无用处；

第四，死不能解决任何问题，只能把灾难和痛苦留给你的亲人。

我们要去跟麻烦战斗，勇敢面对债务之类的难题，以积极的心态想办法减少损失，收获克服困难后的宝贵经验。天大的危机自有解决办法，当因为一点点麻烦事想不开的时候，你唯一能做的就是想办法挺过去。

香港著名歌手钟镇涛，1996年和当时的妻子章小蕙，趁着香港楼市最火的时候，以钟镇涛本人的名义担保，短期借贷近2

亿港币买下香港的5处豪宅。随后，1997年爆发亚洲金融危机，香港楼市大跌，钟镇涛债台高筑，每个楼盘的负债利息高达6万港币。倒霉的钟镇涛不仅很快与“败家”妻子离婚，在2002年7月还被香港法院宣判破产。由于欠债过亿，钟镇涛的许多好友都无力帮忙。

面对突如其来的足以“跳楼”的债务打击，钟镇涛没有绝望和垮掉，虽然知道未来还债的日子会很难，他还是决心从头开始，一步步还债。2006年10月，钟镇涛终于基本上还清债务，法院宣布撤销对他的破产令。回首这9年，钟镇涛感慨地说：“当时真的不知所措，但我始终相信即使是穷途末路，也真的可以再走出来，虽然好艰难、好难走，但今天我可以欣慰地说，我终于挺过来了！”钟镇涛最近的收入依然不低于8位数，而且没有受到此前投资失利的影响，仍然敢投资房地产。他说：“现在才赚到第一勺金，第一桶金尚需时日，演唱会的酬劳我会用来投资。现在我有很多投资分析员，有了这些专业人才，我就再也不用操心了。”

钟镇涛之所以能挺过危机，而没有选择不负责任的“自由落体”，完全在于他的勇气和韧性。欠债不可怕，逃避才致命。不管情况如何不利，都要对自己说“坚持下去，我就能东山再起”。

【不生气的技术】

没有永远不败的人，只有永不言败的品质。你究竟是生活中的弱者还是强者，让困难和麻烦检验自己吧。

◎ 成功不是偶然，脚踏实地最重要

美西战争爆发以后，美国必须立即跟西班牙的反抗军首领加西亚取得联系。加西亚将军掌握着西班牙军队的各种情报，可他却在古巴丛林茂密的山里，没有人知道确切的地点，所以无法联络。然而，美国总统又要尽快获得他的合作。一个叫罗文的人被带到了总统面前，送信的任务就交给了这名年轻人。

一路上，罗文在牙买加遭到过西班牙士兵的拦截，也在粗心大意的西属海军少尉眼皮底下溜过古巴海域，还在圣地亚哥参加了游击战，最后在巴亚莫河畔的瑞奥布伊把信交给了加西亚将军。而罗文则被奉为英雄。

这就是2000年被美国《哈奇森年鉴》和《出版商周刊》评为“有史以来世界最畅销图书”第6名的《致加西亚的信》。

仔细研究你就会发现，罗文所做的事情一点也不需要高超的技巧，他只是按部就班地前进，也就是我们常说的“一步一个脚印”。这看起来很简单，他只是奉行上级交给他的任务，然后就去做，也就是说，那只是他的一件普通的工作。

也许你会说，我每天也在重复地履行自己的职责，这不就是踏实吗？确实，每个人都会做却又不屑于做的事情，它们贯穿于每天的工作，甚至你完成了这样的一个行为，自己都不记得。比如，你每天都会把文件送到上级手里，你会记得你是用怎样的动作送过去的吗？这也正像全世界都谈论“变化”“创新”等时髦的概念一样，“踏实”是每个人都能够做到的，可是你真正做到了新涵义的“踏实”了吗？

20世纪50年代，有一位女游泳选手，她发誓要成为世界上第一位横渡英吉利海峡的人。为了达成这目标，她不断地练习，不断地为这历史性的一刻做准备。

这一天终于来临了。

女选手充满自信地昂首阔步，然后在众多媒体记者的注视下，满怀信心地跃入大海中，朝对岸英国的方向前进。

旅程刚开始时，天气非常好，女选手很愉快地向目标挺进。但是随着越来越接近英国对岸，海上起了浓雾，而且越来越浓，几乎已到了伸手不见五指的程度。女选手处在茫茫大海中，完全失去了方向感，她不晓得到底还有多远才能上岸。

她越游越心虚，越来越筋疲力尽。最后，她终于宣布放弃了。当救生艇将她救起时，她才发现只要再游一百多米就到岸了。众人都为她惋惜，距离成功就那么近了。

她对着众多的媒体说：“不是我为自己找借口，如果我知道距离目标只剩一百多米，我一定可以坚持到底，完成目标的。”

是的，也许她再坚持一点点就取得成功了，但就是差这么一步，成功和失败就有了区别。人们经常会停滞在离成功还有一点点距离的地方，但是那个地方依然叫作失败。

也许你会对你的工作现状不满，也许你会对一个未完成的计划没有信心，也许你会对你迟迟没有被提拔而心怀芥蒂……这时，也许你会选择愤怒地离开，貌似潇洒地放弃。但是，你同时会失去很多你即将得到的东西。不如再坚持一下，该是你的就是你的。

再看这样一个实验：给你一张足够大的纸，你所要做的是重复地对折，不停地对折。我的问题就是，当你把这张纸对折了51次的时候，所达到的厚度有多少？一个冰箱那么厚或者两层楼那么厚，这大概是你所能想到的最大值吧。然而通过计算机的计算，这个厚度竟接近于地球到太阳的距离。

没错，就是这样简简单单的动作，是不是让你感觉好似一个奇迹？为什么看似毫无分别的重复，会有这样惊人的结果呢？换句话说，这种貌似“突然”的成功，根基何在？

就像折纸一样，最后达到的高度与每一次加力是分不开的，任何一次偷懒都会降低你的厚度，所以，动作虽然简单却依然要“踏实”地去做。而且后一次所达到的厚度与前一次是分不开的，环环相扣的“踏实”可以达到分散几次望尘莫及的效果。

也就是说，“突然”的成功大多来自这些前进量微小而又不间断的“脚踏实地”。

【不生气的技术】

脚踏实地地做事并不等于原地踏步、停滞不前。它需要的是有韧性而不失目标，时刻在前进，哪怕每一次仅仅是延长很短的、不为人所瞩目的距离。

◎ 没有不可能，只有愿不愿意改变

那些害怕失败的人，事先就在心里想象事情是不可能的，自己给自己画地为牢，正是这一点限制了他们自己。西方世界流传这样一句话：“低估自己不是美德，而是一种罪恶。”

生活中有实例。蔡元培任北京大学校长时，有一次和同学们谈话，他突然问：“五加五等于几？”大学生们一下子愣住了，以为名望极高的校长所问必不寻常，一定有奥妙，一时间大家左顾右盼，都不敢应声作答。过了一会儿，才有一个学生小声而不无迟疑地嘀咕：“五加五等于十……”蔡元培望着这名学生笑，点点头，说：“对。大家不要盲目崇拜偶像，局限自己，要自信！”

科学家认为音障是不可能人为突破的。有些人甚至以为，在1马赫（飞行物在空气中移动的速度与音速之比）时飞行员与飞机将同时毁亡，或者飞行员将失声，或饱受摧残。但是1947年10月14日，美国飞行者查克·叶慈驾着贝尔航空X－11飞机，达到每小时1.06马赫（700英里）的速度，三天后提高到1.35马赫，六天后更是高达当时不可思议的2.44马赫，粉碎了人类无法突破音障这堵“看不见的墙”的神话。美利坚民族崇尚自由，富有冒险精神，强调自我奋斗，在任何时候，对任何问题，似乎从来没有统一过。但是美国人具有强烈的自尊心和自豪感，正如他们自己认为：American（美国人）一词最后四个字母拆开来便成为I Can（我能）！

强劲的竞争对手会使我们进步。比如，几个孩子住在同一栋楼里，又同在一所高中读书，同时准备迎接高考，各自憋足了劲。学习间隙散步放松一下，看见人家灯光耀眼，就会联想到“开夜车”等，于是会告诫自己赶快回去做功课。又如，在奥运会马拉松比赛中，跑在“第一集团”的选手人数多，情况良好，你追我赶，往往可能出现好成绩，甚至刷新世界纪录。相反，选手实力差距较大，一人独自领跑，连运动场也不容易热闹起来。再如，一条繁华街路上，有几家规模大小差不多的饭店在营业，其中一家扩大规模，或者更新经营品种等，其他几家往往也会改变自己的规模和经营方向，最终可能推动经营水平的提高。

由此看来，敌人乃至竞争对手根本不足惧也不足恨。相反，他还会给予你刺激，促使你进步。于是，我们说，追求进步的人，抱着主动寻求良性竞争对手的心情，或者以主动的态度正视竞争对手，是有益无害的。

一位动物学家对生活在非洲大草原奥兰治河两岸的羚羊群进行过研究。他发现，东岸羚羊群的繁殖能力比西岸的强，奔跑速度也不一样，每一分钟要比西岸的快13米。对于这些差别，这位动物学家曾百思不得其解，因为这些羚羊的环境和属类是一样的。

有一年，他在动物保护协会的协助下，在东西两岸各捉了10只羚羊，把它们送到对岸。结果，运到西岸的10只羚羊剩下了3只，那7只羚羊全被狼吃掉了。

这位动物学家明白了，东岸的羚羊之所以强健，是因为在它们附近生活着一个狼群；西岸的羚羊之所以弱小，正是因为缺少这么一群天敌。

有人曾经做过一个实验：他往一个玻璃杯里放进一只跳蚤，发现跳蚤轻易地便可以跳出来。重复几遍，结果还是一样。根据测试，跳蚤跳的高度一般可达它身体的400倍左右，所以跳蚤称得上是动物界的跳高冠军。

接下来实验者再次把这只跳蚤放进杯子里，不过这次他立即在杯上加了一个玻璃盖，“嘣”的一声，跳蚤重重地撞在玻璃盖上。跳蚤十分困惑，但是它不会停下来，因为跳蚤的生活方式就是“跳”。一次次被撞，跳蚤开始变得聪明起来了，它开始根据盖子的高度来调整自己所跳的高度。再过一阵子以后，发现这只跳蚤再也没有撞击到这个盖子，而是在盖子下面自由地跳动。

一天后，实验者开始把盖子轻轻拿掉，跳蚤不知道盖子已经除掉了，它还是在原来的那个高度继续地跳。三天以后，实验者发现那只跳蚤还在那里跳。一周以后发现，这只可怜的跳蚤还在这个玻璃杯里不停地跳着，而从未跳出过瓶口。

在现实生活中，是否有许多人也在过着这样的“跳蚤人生”？年轻时意气风发，屡屡去尝试成功，但是往往事与愿违，屡屡失败。几次失败以后，他们便开始不是抱怨这个世界的不公平，就是怀疑自己的能力，他们不是不惜一切代价去追求成功，而是一再降低成功的标准，即使原有的限制已取消。

就像刚才的“玻璃盖”，虽然已被取掉，但他们早已经被撞怕了，不敢再跳，或者已习惯了，不想再跳了。人们往往因为害怕去追求成功，而甘愿忍受失败者的生活。难道跳蚤真的不能跳出这个杯子吗？绝对不是，只是它的心里面已经默认了这个杯子的高度是自己无法逾越的。

让这只跳蚤再次跳出这个玻璃杯的办法十分简单，只需拿一根小棒子重重地敲一下杯子；或者拿一盏酒精灯在杯底加热，当跳蚤热得受不了的时候，它就会“嘣”地一下跳了出去。人有些时候也是这样。很多人不敢去追求成功，不是追求不到成功，而是因为他们的心里面也默认了一个“高度”，这个高度常常暗示自己的潜意识：成功是不可能的，这个是没有办法做到的。

“心理高度”是人无法取得伟大成就的根本原因。我们要不要跳？能不能跳过这个高度？能不能成功？能有多大的成功？这一切问题都取决于自我设限和自我暗示！

因此，我们必须不断战胜自己和超越自己，只有自己才是自己最可怕和最强大的敌人，很多事情并不是自己被别人打败了，而是自己被自己的失败心理打败了！我们要坚信自己的生活信念，不管遇到了多么严重的挫折，不论碰到了多么巨大的困难，都不会发生动摇。永不言败，不断拓展自己的生活空间。

只要用心，一切皆有可能。

只要你能不断地突破自己已知的范围，进入到未知的领域，不达目的誓不罢休，不断地去寻找新的解决方法。没有办法只是说我们已知范围内的方法已经用尽，只要我们能够不断地去尝试新的事物、新的机会、新的方法，不断地去突破自我、改变自我，永远都没有“不可能”这个词。

从今天开始，就将“不可能”这个词从你的字典中抹去，没有“不可能”。“不可能”是安于现状者的借口，“不可能”绝非事实，而是观点；“不可能”绝非誓言，而是挑战。

【不生气的技术】

一个人在自己生活经历和社会遭遇中，如何认识自我，在心里如何描绘自我形象，也就是你认为自己是个什么样的人，成功或是失败的人，勇敢或是懦弱的人，将在很大程度上决定自己的命运。你可能渺小，也可能伟大，这都取决于你对自己的认识和评价，取决于你的心理态度如何，取决于你能否靠自己去奋斗。

◎ 活在当下，每天进步一点点

在追求卓越的征程中，每天你都应该对自己说：今天一定要比昨天做得更好，活得更出色。正所谓量变到质变。量变，就是我们每日微小的成长，它就像零星散落着的一颗颗珍珠，而质变却是一根绳子，它能把这些珠子串在一起，把它变成夺目亮丽的项链。量变积累到一定程度就会引起质变，这个积累，就是“每刻都去努力，每天进步一点点”，任何人的成长都要经历这个阶段。

渥沦·哈特葛伦博士是一位博学多才的老人，他以前是淘沙一座大教堂的牧师，后来退休了。他曾经问过一位年轻人是否了解南非树蛙，年轻人坦白地说：“不知道。”博士诚恳地说：“如果你想知道，你可以每天花5分钟的时间阅读相关资料，这样，5年内你就会成为最懂南非树蛙的人，你会成为这一领域中最具权威的人。”年轻人当时未置可否，但他后来却常常想起博士的这番话，觉得这番话真的道出了许多人生哲理。

我们大多数人都不愿意每天投资5分钟的时间（与5个钟头的时间相比实在是少之又少）努力成为自己理想中的人。

伍迪·艾伦说过，生活中90%的时间只是在混日子。大多数人的生活层次只停留在：为吃饭而吃、为搭公车而搭、为工作而工作、为了回家而回家。他们从一个地方逛到另一个地方，事情做完一件又一件，好像做了很多事，但却很少有时间从事自己真正想完成的目标。就这样，一直到老死。我猜想很多人临到退休时，才发现自己虚度了大半生，剩余的日子又在病痛中一点一点地流逝。

卓越者与平庸者之间的距离，并非隔着一道难以逾越的鸿沟，很多时候，就差在一些不起眼的小习惯方面。比如，每天花5分钟阅读、多打一个电话、多努力一点、在适当时机多一个表示、工作上多费一点心思、学习上多做一些研究，或在实验室中多试验一次……在实践目标时，你必须与自己做比较，看看今天有没有比昨天更进步——即使只有一点点。

只要再多一点能力；

只要再多敏捷一点；

只要再多准备一点；

只要再多注意一点；

只要再多培养一点精力；

只要再多一点创造力……

通常只有遇到实际的状况后，才能分辨你的能力是否足以胜任那份工作。如果你是一个外科医生，动手术时却手脚笨拙，就说明你医术不佳；如果你是一个厨师，人们无法知道你厨艺好不好，除非你准备了一顿让人食不下咽的餐点，人们才会晓得。

评断你能力的最佳裁判不是你的老师、消费者或朋友——而是你自己！在行动之前你自己就知道你是否足以胜任这一个任务。你可以想尽办法掩饰你的无能，并祈祷没有人会发现你所知甚少，动作多么不娴熟。但终究你还是得面对自己的无能，也必须自己想办法修正。没有任何借口可以解释你为什么长时间仍然无法胜任一项工作。第一天你可能什么都不知道，第二天你应该懂点什么。第一次尝试一份工作，你可能没办法表现得很完美，但经过一两天的练习，你应该要比第一天做得更好。

别人可能也无法真正断言你是不是一个诚实的人——在实

际表现之前。只有你自己才知道自己的动机或企图，只有自己自己才知道自己诚不诚实、值不值得信赖；只有你自己才知道你提供的交易公不公平……人们通常了解他们自己是不是欺骗了他人，如果自己连这点都不知道，就已经成为病态的骗子，行为上也会有严重的偏差。

不论你想追求的是什么，你必须强迫自己增强能力以实现目标。这就需要钻研自己的领域，认真地研读、仔细地观看、专心地聆听这行中顶尖的人的言行举止，并效法他们的行为。

【不生气的技术】

成长永无止境，成长大于成功。每天勤于学习，稳步成长，每一天都有所收获，你就会越来越出色。担起人生的责任，用责任为人生护航，用责任撑起人生一片天。

◎ 每天给自己一个希望，就是一个机会

每天给自己一个希望，就不会有时间去悲哀，生命就不会浪费在一些无聊的琐事上。

在成功者的字典里，是绝没有“绝望”一词的，因为他们不会轻易地否定自己，只知道等待自己的终将是希望，即使许多事情似乎已经到了绝望的边缘，他们也会冒险拼搏一下，为自己挖掘生存的希望。

这里有一个放牛娃绝处逢生的故事，它告诉人们即使在最绝望的时候也要扼守住最后的希望，并去做最后的拼搏和冒险，这样，就会多给自己一次机会。说不定，会因此而获得一个崭新的人生。

一天，放牛娃上山砍柴，突然遇到老虎袭击，放牛娃吓坏了，抓起镰刀就跑。然而，前方已是悬崖！老虎却在向放牛娃逼近。为了生存，放牛娃决定和老虎决一雌雄。就在他转过身面对张开血盆大口的老虎时，不幸一脚踩空，向悬崖下跌去。千钧一发之际，求生的本能使放牛娃抓住了山崖边的一棵小树。这样就能够生存了吗？上面是饥肠辘辘的老虎，下面是阴森恐怖的深谷，四周到处是悬崖峭壁，即使来人也无法救助。吊在悬崖上的放牛娃明白了自己的处境后，禁不住绝望地大哭起来。

这时，他一眼瞥见对面山腰上有一个老和尚经过，便高喊“救命”。老和尚看了看四周的环境，叹息了一声，冲他喊道：“本人没有办法呀，看来只有你自己才能救自己啦！”

放牛娃一听这话，哭得更厉害了：“我这副样子，怎么能救自己呢？”

老和尚说：“与其那么死揪着小树等着饿死、摔死，不如松开你的手，那毕竟还有一线希望呀！”说完，老和尚叹息着走开了。放牛娃又哭了一阵，还骂了一阵老和尚见死不救。

天快要黑了，上面的老虎算是盯准了他，死活不肯离开。放牛娃又饿又累，抓小树的手也感到越来越没有力量。怎么办？放牛娃又想起了老和尚的话，仔细想想，觉得他的话也有道理。是啊，这样下去，只能是死路一条，而松开手落下去，也许仍然是死路一条，但也许就会获得生存的可能。既然怎么都是个死，不如冒险试一试。

于是，放牛娃停止了哭喊，他艰难地扭过头，选择跳跃的方向。他发现万丈深渊下似乎有一小块绿色，会是草地吗？如果是草地就好了，也许跳下去不会摔死。他告诉自己："怕是没有用的，只有冒险试一试，才能获得生存的希望。"他咬紧牙关，在双脚用力蹬向绝壁的一刹那松开了紧握小树的手。身体飞快地向下坠落，耳边有风声在呼呼作响，他很害怕，但他告诉自己绝不能闭上眼睛，必须瞪大眼睛选择落脚的地点。奇迹出现了——他落在了深谷中唯一的一小块绿地上！

后来，放牛娃被乡亲们背回家养伤。两年以后，他又重新站立起来！放牛娃用自己的经历告诉人们，绝处也能逢生。只要你不放弃希望，不放弃努力，就有可能获得重生的机会。

不要轻易地就对生活绝望，把灾难当作一所学校，把逆境当成营养，敢于为自己冒一个大险，结果可能是你抓住了机遇，营造了生命的春天。

怀有勇敢的拼搏精神，不对命运服输，不承认世界上有绝望之说，始终扼守着最后的希望，于绝望之处挖掘出希望来。

哈佛大学的一位教授主持了一个有趣的实验，实验对象是三群学生与三群老鼠。

他对第一群学生说："你们很幸运，你们将和天才小白鼠在一起。这些小白鼠相当聪明，它们会到达迷宫的终点，并且吃许多干酪，所以要多买一些喂它们。”

他告诉第二群学生说：“你们的小白鼠只是普通的小白鼠，不太聪明。它们最后还是会到达迷宫的终点的，并且吃一些干酪，但是不要对它们期望太大，它们的能力与智能都很普通。”

他告诉第三群学生说：“这些小白鼠是真正的笨蛋。如果它们能找到迷宫的终点，那真是意外。它们的表现或许很差，我想你们甚至不必买干酪，只要在迷宫终点画上干酪就行了。”

以后六个星期，学生们都在精心地从事实验。天才小白鼠就像天才人物一样行事，它们在短时间内很快就到达了迷宫的终点。你期望从一群“普通小白鼠”那里得到什么结果呢？它们也会到达终点，但是在这个过程中并没有写下任何速度记录。至于那些愚蠢的小白鼠，那更不用说了，它们都有真正的困难，只有一只最后找到迷宫的终点，就可以说是一个明显的意外。

有趣的事情是，根本没有所谓的天才小白鼠和愚蠢小白鼠之分，它们都是同一窝小白鼠中的普通小白鼠。这些小白鼠的成绩之所以不同，是参加实验的学生态度不同而产生的直接结果。简而言之，学生们因为听说小白鼠不同而采取了不同的态度，而不同的态度导致不同的结果。学生们并不懂得小白鼠的语言，但是小白鼠懂得态度，因而态度就是语言。

人生的法则就是信念的法则。在“运气”这个词的前面应该再加上一个词，就是“勇气”。相信运气可支配个人命运的人，总是在等待着什么奇迹的出现。这种人只要他上床稍稍躺一下，就会梦见中了大奖或者是挖到金矿之类能突然致富的梦；而那些不这样想的人，就会依据个人心态的趋向为他自己的未来不断努力。

依赖运气的人常常满腹牢骚，只是一味地期待着机遇的来临。至于获得成功的人，他觉得唯有信念方能左右命运，因此他只相信自己的信念。

在别人看来不可能的事，如果当事人能从潜在意识去认为“可能”，也就是相信可能做到的话，事情就会按照那个人信念的强度如何，而从潜意识中激发出极大的力量来。这时，即使表面看来不可能的事，也能够做到了。

成功意味着许多美好、积极的事物。成功→成就，这就是生命的最终目标。

人人都希望成功，最实用的成功经验，那就是坚定不移的信心。可是真正相信自己的人并不多，结果，真正做到的人也不多。

有时候，你可能会听到这样的话：“光是像阿里巴巴那样喊‘芝麻，开门’，就想使门真的移开，那是根本不可能的。”说这话的人把“信心”和“想象”等同起来了。不错，你无法用“想象”来移动一座山，也无法靠“想象”实现你的目标，但是只要有信心，你就能移动一座山。只要相信你能成功，你就会赢得成功。

关于信心的威力，并没有什么神奇或神秘可言。信心起作用的过程其实很简单：相信“我确实能做到”的态度，产生了能力、技巧与精力这些必备条件，每当你相信“我能做到”时，自然就会想出“如何去做”的方法。

大部分的人可能都认为自己不是个成功的人，而且也认为成功对自己来说是不可能实现的，说不定早已灰心丧气了。的确，成功的人不多，所以你或许是个不幸的人。但真正的事实却是：其实任何人都有成功的机会，只是想不想去获得它而已。因为你早已放弃成功的愿望，所以机会就弃你而去。

如果你想自己所做的事业能够成功的话，首先必须希望成功，相信会成功。

我们不能控制机遇，却可以掌握自己；我们无法预知未来，却可以把握现在；我们不知道自己的生命到底有多长，却可以安排我们现在的生活。

我们左右不了变化无常的天气，却可以调整自己的心情。只要活着，就有希望。

当我们的心中充满坚毅、勇气和信心时，那些束缚限制我们提升自我的因素将不复存在。

【不生气的技术】

我们的生存状态并不能决定这一生的命运，真正决定我们命运的是是否对自己充满了信心，是否对未来的生活充满了希望。当我们以乐观积极的态度面对自己的生存状态时，我们便开启了生命的原始动力。

◎ 不必在乎排挤，关键是自己要足够强

俗语说得好，“枪打出头鸟”。在这个充满竞争的社会里，一个人只要工作或者成绩比别人好，就容易遭人嫉妒，甚至被人排挤，沦为被枪打的那只小鸟。面对别人的嫉妒，最好的办法就是置之不理，不去计较。当受到排挤，不计较之余，要争做一粒压不扁的铜豌豆！

李梅研究生毕业那年，在市一级政府机关人员的公开录取考试中，笔试面试成绩均名列第一，因而顺利地进入了该机关工作。她聪明机灵、做事能力强，迅速得到了市领导的赏识。不过，在政府机关做事有一个特点，那就是：做事情不能太冒尖，工作人员必须循规蹈矩，考勤制度也十分严格。李梅作为一个新人，业务能力很强，给同事们和直接上级留下的印象很不好，再加上她性格率直，工作没多长时间，就与顶头上司和几个同事结下了梁子。

起初，李梅对于顶头上司和同事们对她的看法并没放在心上，觉得只要市领导和其他同事明白她的言行举止都是为了更好地工作，而不是出于私利，就会理解她。与此同时，她也已经体悟到自己的不足，正努力地克服，于是想当然地以为“时间是最好的良药”，久而久之，她在那些同事心中的不良印象，一定会有所改观。

然而，过了一阵子，李梅慢慢发现自己的想法太过于天真！刚走上工作岗位时，留给上司和同事们的不良印象就仿佛

千年的大树稳稳扎根一样，总是时不时地提醒着别人。她提出的一些合理化建议，也要比其他同事提出来的更难通过。这一切，其实都是她的顶头上司担心她能力太强，抢了自己的饭碗，而那些排挤她的同事则担心她出头后会压制他们。

尽管遭到排挤，李梅还是毅然决定让他们找不到任何借口，对他们的刁难并不计较，而是更加认真地工作，尽量在工作中不出现一点差错，终于在一次市级领导下来调查工作时发现了她的才能，给她连升三级。

基于第一份工作受到排挤的教训，李梅在新的工作环境，以崭新的面貌和姿态出现。在面对新的同事和上司时，她努力地经营人际关系，对之前排挤自己的顶头上司和同事们也不计较，让自己的工作开展得更加顺利，由此也慢慢摆脱了往昔的小错误给工作留下的阴影。

这给我们的启示是：做人要有拿得起放得下的心态，不要因为别人的排挤而失去自己的进取心，不要在乎别人的压制，关键是发展自己，做一粒打不破压不扁的铜豌豆。你要明白，别人如何排挤你并不重要，最怕的是自己排挤自己。

假如有朝一日，你感觉你的同事忽然一改常态，不再对你和善，事事抱着不配合的态度，总是给你使绊子为难你，故意说很难听的话挖苦你，让你在众人面前出丑，看你的笑话，你就得小心为妙了。这些信息传递的信号很危险：你正在被同事排挤。

总结起来，被同事排挤，大致有以下几种原因。

第一种：最近唯有你获得了升职加薪，惹来同事们的嫉妒，所以联合起来排挤你；

第二种：你初来乍到，却有着令人钦羡的优越条件，包括高学历、相貌出众、简历突出，这些都有可能成为同事嫉妒的导火索；

第三种：聘用你的人是公司中谁都讨厌的头号敌人，所以你无辜被牵连；

第四种：服饰怪异、言行举止过于爱出风头；

第五种：爱说甜言蜜语，过于献媚上级而疏于与平级同事打交道；

第六种：因为你的存在，让同事的某些利益受损。比如妨碍到了对方晋升、加薪等好事。

假如是属于前两种情况，实在难以避免。有道是“不招人妒是庸才”，能让人嫉妒也不是什么失面子的事情。事实上，只要我们平常对人持一副和蔼亲切的态度，同事们不难发觉你是实在之人，时间长了，就会不好意思排挤你，甚至变得愿意跟你来往。

假如是属于第三种情况，那就是你本人点儿背。只有寻找到一个合适的机会向同事表示，自己应聘主要是出于对这份工作的热爱，与聘用自己的人关系不大，更不是什么线人。只要同事清楚你不是公敌安插的密探，对你的态度自然会有所好转。

假如是属于第四、第五种情况，你需要自我反省，因为问题在于你自己。倘若想让同事们改变对你的观点，就得需要自己做出相应调整。平日里不要散布一些过头的言论，而应学会倾听，服饰也要符合身份，利索干练之余又不能过于招摇。有时候，人们会将穿着奇装异服视作爱出风头的一种表现，这种心理很容易让同事们将你视作敌对的目标，百般排挤你。

假如是属于第六种情况，你要留心自己做事的分寸。升职、加薪、办公环境的改善，甚至领导的一句口头赞美都是同事们想获取的奖励，争夺也就在情理之中了。尽管众人兢兢业业地工作，但互相都心照不宣，谁都想最先获得领导的欣赏与重用，甚至是跟同事的关系正常化和亲密化也是众人一致追寻的目标。

【不生气的技术】

被人排挤是一件很令人窝火的事情，但是跟那些排挤你的人对着干，很有可能给你的工作招惹来更大的麻烦，或许最终受到更大伤害的不是排挤你的人，反而是你自己。其实，别人能排挤你一时，但是排挤不了你一世。面对排挤，化打击为动力，不失为一种明智的做法。

★不失控的心理课：自我激励的8项法则

事业上的成功者，大都是掌握自我激励的人。一旦掌握自我激励，自我塑造的过程也就随即开始。以下是自我激励最关键的八项法则。

1.树立远景

迈向自我塑造的第一步，要有一个你每天早晨醒来为之奋斗的目标，它应是你人生的目标。远景必须即刻着手建立，而不要往后拖。你随时可以按自己的想法做些改变，但不能一刻没有远景。

2.迎接恐惧

世上最秘而不宣的秘密是战胜恐惧后迎来的是某种安全有益的东西。哪怕克服的是小小的恐惧，也会增强你对创造自己生活能力的信心。如果一味想避开恐惧，它们会像疯狗一样对我们穷追不舍。此时，最可怕的莫过于双眼一闭假装它们不存在。

3.敢于竞争

竞争给了我们宝贵的经验，无论你多么出色，总会人外有人，所以你需要学会谦虚。不管在哪里，都要参与竞争，而且总要满怀快乐的心情。要明白最终超越别人远没有超越自己更重要。

4.内省

大多数人通过别人对自己的印象和看法来认识自己。但是，仅凭别人的一面之词，把自己的个人形象建立在别人身上，就会面临严重束缚自己的危险。因此，只把这些溢美之词当作自己生活中的点缀，人生的棋局该由自己来摆。不要从别人身上找寻自己，应该经常自省并塑造自我。

5.走向危机

危机能激发我们竭尽全力。无视这种现象，我们往往会愚蠢地创造一种追求舒适的生活，努力设计各种越来越轻松的生活方式，使自己生活得风平浪静。当然，我们不必坐等危机或悲剧的到来，从内心挑战自我是我们生命力量的源泉。圣女贞德说过：“所有战斗的胜负首先在自我的心理见分晓。”

6.敢于犯错

有时候我们不做一件事，是因为我们没有把握做好。我们感到自己状态不佳或精力不足时，往往会把必须做的事放在一边，或静等灵感的降临。你可不要这样。如果有些事你知道需要做却又提不起劲，尽管去做，不要怕犯错。给自己一点自嘲式幽默，抱一种打趣的心情来对待自己做不好的事情，一旦做起来了自会乐在其中。

7.不要害怕拒绝

不要消极接受别人的拒绝，而要积极面对。你的要求落空时，把这种拒绝当作一个问题：“自己能不能更多一点创意呢？”不要听见“不”字就打退堂鼓，应该让这种拒绝，激励你发挥更大的创造力。

8.甘做小事

塑造自我的关键是甘做小事，但必须即刻就做。塑造自我不能一蹴而就，而是一个循序渐进的过程。这儿做一点，那儿改一下，将使你的每一天都有滋有味。